1555년 을묘왜변 **영암성 대첩**

나라를 구한 의병장 양달사

※ 영암교육지원청의 지원을 받아 제작되었습니다. 양달사 의병장과 영암성 대첩에 대한 역사적 사실을 바탕으로 하였지만 인물과 사건을 새롭게 구성한 창작 동화입니다.

1555년 을묘왜변 영암성 대첩
나라를 구한 의병장 양달사

이이랑 글 윤종태 그림
초판 1쇄 발행일 2023년 11월 30일 **초판 2쇄 발행일** 2025년 4월 15일
펴낸이 박봉서 **펴낸곳** (주)크레용하우스 **출판등록** 제1998-000024호
편집 이민정·최은지 **디자인** 이혜인 **마케팅** 한승훈·신빛나라 **제작** 김금순
주소 서울 광진구 천호대로 709-9 **전화** (02)3436-1711 **팩스** (02)3436-1410
인스타 @crayonhouse.book **이메일** crayon@crayonhouse.co.kr

© 이이랑, 윤종태 2023
이 책에 실린 글과 그림은 무단 전재 및 무단 복제할 수 없습니다.

ISBN 979-11-7121-031-2 74810

1555년 을묘왜변 영암성 대첩
나라를 구한 의병장 양달사

이이랑 글 윤종태 그림

크레용하우스

작가의 말

이름이 지워진 수많은 영웅들의 이야기

역사적 기록은 사실일까? 사실인 것도 있지만 그렇지 않은 것도 있어.

대부분의 역사 기록은 승자들의 것이거나 지배자들의 것이야. 영암성 대첩도 마찬가지야. 임금과 중앙 관료들 중심의 기록이 대부분이야. 특히 전쟁에 대한 기록을 보면 더 그래. 싸우거나 죽어 간 대부분의 사람은 일반 백성이거나 계급이 낮은 병사들일 텐데, 그들에 대한 기록은 찾기 힘들어.

그러나 어딘가에는 진짜 중요한 흔적이 남아 있을 수 있지.

영암성 대첩에 대한 기록들을 살피다가 우연히 광대들이 활약했다는 대목을 발견했어. 더구나 그 광대들이 적들을 웃겨서, 적들이 정신을 잃은 틈을 타 공격해 대승을 거두게 되었대. 그 내용을 읽으면서 동화를 써야겠다고 생각했어.

놀랍지 않아? 웃겨서 적을 물리친 광대들이라니!

거기다가 영암성 대첩을 승리로 이끈 핵심 인물로 양달사 의병장이 있었어. 광대들과 양달사 의병장의 활약으로 영암성 대첩에서 승리한 거야.

그런데 왜구들이 물러간 뒤 조정에서는 양달사나 광대들에 대한 공적을 말하지 않아. 전쟁에서 불리할 때는 도망쳤던 자들이 전쟁에서 이기자 서로 자기 이름을 올리려 한 거야.

그러다 보니 정작 목숨 바쳐 싸웠던 양달사나 여러 의병들의 이름은 지워져 버렸지. 광대들의 이름도 기록에는 남아 있지 않아.

그렇게 이름을 남기지 못한 채 나라를 지켰던 이들을 살려 내고 싶었어. 진짜 역사는 그들의 것이니까. 그래서 끼동이와 봄뚱이, 폰개 등의 인물을 만들었어.

양달사 의병장에 대한 기록도 많지 않아서 많은 것을 상상해야 했어.

나라를 지키는 일에 앞장선 끼동이, 봄뚱이, 폰개, 철, 방 씨, 양달사 등 이들이 모두 영웅이라는 생각으로 썼어.

이 책은 혼자서 쓴 것이 아니야.

동화 속 인물로 살아난 양달사, 끼동이, 폰개, 봄뚱이, 철이 등의 도움이 컸어.

그리고 영암교육지원청의 최광표 전 교육장님, 김광수 현 교육장님의 지원과 양달사현창사업회의 이영현 사무국장님, 영암성대첩기념사업회 조정현 사무국장님의 조언은 큰 힘이 되었어. 마지막으로 일본어 부분에 도움을 주신 이경흠 선생님의 애정 어린 손길이 이야기를 더욱 실감 나게 했어.

그리고 원고를 쓰는 과정에 냉정한 평가를 해 준 은정, 찬비의 응원은 매우 특별했어.

2023년 11월 '노랑을입을래요'에서
이이랑

차 례

도망   8

호박 동곳의 비밀   22

세상에서 가장 느린 말   42

끼동의 내력   55

편지를 전해야 해   72

출정식에 참여하라   82

양달사의 하늘	99
비밀 작전 회의	114
거짓 항복	132
적을 웃겨라	158
뻘밭에서의 전투	172
마지막 줄타기	185

도망

"저놈 잡아라!"

벙거지들이 쫓아왔다. 끼동은 숨이 찼다. 어두워서 앞이 잘 보이지 않았다. 이대로 가다가는 금방 잡힐 것만 같았다. 어느새 덕진교가 앞에 보였다. 끼동은 잠시 망설였다. 다리를 건너면 덕진 마을이지만 마을로 들어간다 해도 벙거지들이 따라올 것 같았다.

'집으로 도망쳐 봐야 끝까지 따라올 것 아닌가?'

끼동은 다리를 건너지 않았다. 강둑을 따라 달렸다. 벙거지들이 주춤했다. 갑자기 길이 아닌 곳으로 달아나니 당혹스러운 모양이었다. 강둑을 달리던 끼동은 우거진 갈대밭으로 달려갔다. 갈대밭 끝에 날마다 타던 줄이 놓여 있었다. 우거진 갈대는 끼동의 눈을 가리고 벙거지들의 길도 막았다.

"멈춰라."

굵은 목소리가 말했다.

벙거지들은 강둑에 멈춰 섰다.

"횃불을 들고 갈대밭으로 달려들 순 없지 않는가?"

굵은 목소리였다.

끼동은 갈대밭 사이로 난 좁은 길을 달렸다. 몇 마리 새가 푸드득 날아오르자 끼동은 심장이 얼어붙는 것 같았다. 서걱서걱 갈대 스치는 소리가 철판 같은 밤하늘을 긁어 댔다. 끼동은 무작정 앞으로 나아갔다. 밤낮으로 다녀 봤던 곳이라 어둠 속이어도 어디쯤인지는 알 수 있었다. 숨이 목구멍에 턱턱 걸렸다. 갈대들은 끼동이 달릴 때 더 시끄럽게 울어 댔다.

벙거지들은 갈대 쓰러지는 소리를 듣고 끼동을 따라왔다. 하지만 횃불 때문에 끼동이 나아가는 속도를 따라붙지는 못했다. 벙거지들이 상당히 떨어진 것 같았다. 끼동은 달리기를 멈췄다. 이제 조금만 더 가면 진창(땅이 질퍽질퍽한 곳)이 나오고, 진창을 지나면 강을 가로질러 쳐 놓은 줄이 나올 터였다.

"불을 확 싸질러 버릴까요?"

쇳소리가 말했다.

"안 될 말일세. 어린아이 하나 잡겠다고 불을 놓았다가 다

익은 벼까지 타 버리면 어쩌려고?"

굵은 목소리가 말했다.

벙거지들은 저희끼리 뭐라고 수군거렸다.

'정말로 불을 지를지도 몰라.'

끼동은 속이 조마조마했다. 숨소리를 죽이며 좁은 길을 천천히 나아갔다. 끼동의 몸이 갈댓잎에 닿을 때마다 스스스슥 소리가 났다. 하지만 몇 명의 벙거지들이 갈대밭을 휘젓는 통에 끼동이 내는 소리는 감추어졌다. 달이 없는 게 다행이었다.

끼동의 발끝에 넓적한 돌멩이가 닿았다. 줄타기 전에 짚신

을 벗어 놓곤 하던 바로 그 돌이었다. 끼동은 옷을 벗어 가슴에 안았다. 행여 흰옷이 보이지나 않을까 염려해서였다.

  신을 벗지 않고 발끝으로 줄을 어림잡았다. 외줄을 사뿐사뿐 건넜다. 눈을 감고도 탈 수 있는 게 외줄이었다.

  "더 아래쪽으로 내려간 게 아닐까요?"

  쇳소리였다.

  "이런 갈대밭을 그리 빨리 빠져나갈 수 있단 말인가?"

  굵은 목소리가 내뱉은 말이 강물 소리에 잦아들었다. 끼동은 가볍게 줄에서 뛰어내렸다. 날마다 줄타기 연습을 하던 곳

이라서 어두워도 걸을 수 있었다.

'그 집으로 가야 해!'

끼동의 머릿속에는 봉호정(영암군 도포면 봉호정 마을. 양달사가 살았던 곳이다.)의 양달사를 만나야 한다는 생각뿐이었다.

'양달사 어른을 만나야 할아버지를 구할 수 있다! 할아버지가 도둑으로 몰린 것은 호박 동곳 때문이 아닌가?'

호박 동곳(상투를 튼 정수리에 상투가 풀어지지 않도록 고정시키기 위하여 꽂는 장신구)은 양달사의 어머니가 끼동에게 준 것이었다. 양달사 어머니 회갑 잔치 때, 양달사 어머니는 끼동의 손에 호박 동곳을 쥐어 주었다.

'호박 동곳을 받지 말았어야 해.'

우연히 받은 호박 동곳이 할아버지 폰개를 도둑으로 몰리게 할 줄은 몰랐다.

공납(각 지역에 토산물을 할당하여 바치던 세금의 일종이었지만, 나중에는 물건 대신 물건을 살 돈을 받았다.)을 더 내라고 닦달하던 이방이 집으로 찾아온 것은 해가 진 뒤였다. 벙거지 셋과 함께 온 이방은 마당에 서 있고, 벙거지들이 다짜고짜 집 안을 뒤졌다. 몇 줌 안 되는 쌀이며, 조나 기장 같은 것도 전부 끄집어냈다. 양식으로 남겨 둔 것은 별 게 없었다.

"이방 나리, 그것마저 없으면 당장 굶습니다요."

무릎을 꿇은 끼동의 할아버지가 사정했다.

"이놈들아, 임금님 입보다 네놈들 주둥이가 먼저란 말이냐?"

이방이 말했다.

"몇 톨 안 되는 저 쌀이 없다고 임금님이 굶습니까요?"

끼동이 나섰다.

"쯧쯧. 막돼먹은 놈들이라, 어린것까지도 버릇이 없구나."

이방이 말했다.

"가만히 있어라. 큰일 난다."

할아버지가 끼동을 향해 낮게 말했다.

그러나 끼동은 계속 씩씩거렸다. 참을 수가 없었다.

"그렇지 않습니까요? 저희처럼 가난한 집의 양식 한 톨까지 박박 긁어 가야 한다면 임금님 배가 바다보다 더 크단 말이겠지요?"

그러자 난데없이 이방이 끼동의 뺨을 갈겼다.

"왜 때려요?"

끼동은 악을 썼다.

벙거지 둘이 몽둥이를 들고 다가오고 있었다.

"그만두지 못하겠느냐? 이놈이 어느 안전이라고!"

할아버지가 끼동의 어깨를 잡으며 무섭게 말했다. 벙거지 하나가 몽둥이를 높이 쳐들었다. 그러자 할아버지의 몸이 끼동과 벙거지 사이를 막아섰다.

"어려서 그런 것이니, 철이 없어서 그런 것이니······."

할아버지가 꺾인 벼 모가지처럼 수그린 고개를 들지 못했다.

몽둥이를 들었던 벙거지가 침을 찍 뱉더니 다시 집 안으로 들어갔다. 벙거지들은 신을 신은 채로 집 안팎을 드나들었다. 장독대 하나까지 다 열어 보았다. 방이며 마루 등을 뒤졌다. 심지어는 땔나무 더미까지 헤집었다. 벙거지들이 함부로 쑤시고 다녀서 북이나 장구는 물론이고 옷가지들까지 엉망으로 흩어졌다. 분통을 발견한 벙거지가 분통 뚜껑을 열었다.

"이것 봐라."

벙거지가 말했다. 분통들 사이에 붉은 빛깔의 동곳이 하나 들어 있었다. 호박 동곳이었다.

"이방 나리, 여기 이것 좀 보십시오."

벙거지가 이방을 불렀다. 이방이 방으로 들어왔다.

"찾았구나!"

이방은 마치 찾던 물건을 비로소 발견했다는 듯 환하게 웃었다. 이방은 호박 동곳을 들고 밖으로 나왔다. 벙거지는 분통 속에 무언가 더 있는지 보려고 뒤적거렸다. 그러더니 분통을 확 뒤집었다. 시커먼 멍석에 갖가지 색의 분이 엎질러졌다.

"이놈아! 이것은 무엇이냐? 호박 동곳이 아니냐? 지엄한 임금님께 바칠 공납은 빼돌리고 광대 주제에 호박 동곳을 하시겠다고?"

이방이 낮게 말하며 비웃었다.

"아닙니다요, 나으리. 공납을 빼돌리다니요, 그런 적이 없습니다요."

할아버지의 얼굴이 새파래졌다.

"그렇다면 공납을 다 냈더란 말이냐?"

"……."

이방의 말에 할아버지는 입을 다물었다. 할아버지는 공납을 다 채우지 못했다.

"그렇다면 공납을 내기 싫어서 이런 물건으로 바꾸어 두기라도 한 것이냐?"

이방은 호박 동곳을 만지작거렸다.

"당치도 않습니다요. 차마 그런 짓을 하겠습니까?"

"너희 놈들은 차마 그런 짓을 할 놈들이지 않더냐?"

"이방 나리, 아닙니다요. 그저 잘못했으니 그 물건은 돌려주십시오."

할아버지가 이방의 손을 잡으려는 듯 손을 뻗었다.

"허허, 이놈아. 누가 이것을 가져간다고 하더냐?"
"그것이 아니시라면?"
대답하지 않고 있던 이방이 큼큼 헛기침을 했다.
"이 물건이 네놈 것이냐?"
이방이 할아버지의 눈앞에 호박 동곳을 바짝 내밀었다.
"아닙니다요."
"아니다?"
이방의 눈동자가 바쁘게 움직였다.
"그렇다면 이건 뭐냐? 오호라, 훔친 게로구나! 이집 저집 얻어먹으러 다니다가 슬쩍한 것이로구나! 내가 네놈들 손장난을 모를 줄 아느냐?"
이방이 뱀눈처럼 차갑게 할아버지를 쏘아보았다.
"아닙니다요. 도둑질한 것이 아닙니다요."
할아버지는 머리를 땅에 붙여 가며 하소연했다.
"믿을 수 없다. 네놈들 말은 말이 아니다."
이방이 바닥에 붙은 할아버지의 오른손을 그대로 밟아 버렸다.
"공납을 안 내려고 바꾸었느냐?"
"아닙니다요."
"이도 아니다, 저도 아니다. 그래서 네놈들 말은 말이 아니라는 게야."

이방은 이러저리 오가면서 말했다. 눈으로는 호박 동곳을 이리저리 살폈다.

"그렇다면 이런 물건을 줍기라도 했다는 말이냐?"

"아닙니다요, 실은……."

"실은?"

"……."

끼동은 할아버지가 답답했다.

'왜 양달사 댁에서 받은 것이라고 말씀을 안 하시는 걸까?'

입이 근질거렸다. 끼동이 입을 막 열려고 할 때였다.

"네놈들은 거짓말로 먹고사는 놈들이 아니더냐? 이리저리 둘러대다가 누구한테서 받았다고 하겠지? 내가 그딴 소리에 속을 것 같으냐?"

이방은 호박 동곳을 만지작거렸다.

"더 길게 말하지 않겠다. 네놈의 공납을 이것으로 대신하겠다!"

이방이 대문으로 나서며 말했다.

"그건 안 됩니다요."

할아버지가 이방의 손에 들린 호박 동곳을 낚아채려 하자 이방이 깜짝 놀라 손을 높이 들었다. 그러다 균형을 잃었다. 이방과 할아버지가 한 덩어리가 되어 바닥에 쓰러졌다.

"뭣들 하느냐? 이놈을 마구 패라."

몸을 일으킨 이방이 씩씩거렸다. 벙거지들이 달려들어 몽둥이로 할아버지를 두들겼다. 퍽퍽 소리와 함께 할아버지의 입에서 신음이 새어 나왔다.

"이놈이 감히."

쓰러진 할아버지의 머리를 이방이 발로 짓눌렀다.

"할아버지!"

일그러진 할아버지의 얼굴은 소똥처럼 바닥에 달라붙었다. 이방이 할아버지의 머리를 밟고 지나갔다. 할아버지의 눈에 핏발이 섰다.

"이놈을 끌고 가라."

이방이 옷을 툴툴 털었다. 벙거지들이 할아버지의 두 손을 오랏줄로 묶었다. 끼동은 울면서 할아버지를 따라갔다.

끌려간 곳은 관아가 아니었다. 관아만큼이나 넓은 이방의 집 마당이었다. 통통하게 살찐 두 마리 개가 큰 소리로 짖어 댔다. 뒤쪽에서 대문이 닫혔다. 높다랗게 담이 둘러 있고, 커다란 감나무와 동백나무가 마당 주위에 우거져 있었다. 머슴들이 의자를 꺼내 오고 탁자를 가져왔다.

"어디서 훔친 것이냐?"

횃불 아래의 호박 동곳은 더욱 붉었다.

'이방이 알고 싶은 게 무엇일까?'

끼동은 머리를 굴려 보았다.

'사실대로 말하면 믿을 것인가?'

아닐 것 같았다. 어쩌면 이방은 밤새도록 할아버지를 괴롭힐지도 모른다.

"참말로 훔친 것이 아닙니다요."

할아버지가 대답할 때마다 매타작이 대꾸했다.

'호박 동곳을 가지고 도망치자!'

끼동은 그렇게 생각했다.

다른 방법은 없을 것 같았다. 자신이 호박 동곳을 가지고 달아나면 할아버지를 더 때리지는 않을 것이다. 끼동은 기회를 엿봤다.

마당의 불빛이 약해지고 있었다. 몇 사람이 기름을 가지러 가고 어수선해졌다. 기회였다. 끼동은 잽싸게 뛰어 이방의 책상 위에 있는 호박 동곳을 집으려 했다. 그러나 이방의 손이 더 빨랐다.

"아니, 이놈이!"

깜짝 놀란 이방이 자리에서 벌떡 일어났다.

끼동은 그대로 마당을 가로질러 달렸다. 담장 위로 굵은 가지가 뻗어 있는 감나무로 향했다. 사람들이 우왕좌왕하는 사

이에 끼동은 어느새 담을 넘었다.

그렇게 도망쳤다. 봉호정으로 가야 했다.

'양달사 어른을 만나면 진실을 밝힐 수 있다.'

호박 동곳을 훔치지 않았다는 것만 밝혀져도 할아버지는 풀려날 것이다.

'그런데 과연 내 말을 들어 줄까?'

끼동의 머릿속은 복잡했다.

'아무리 사람 좋다고 하여도 양반이 아닌가. 그래도 거짓말은 하지 않겠지? 믿어 줄 거야. 아니…….'

생각의 저울추가 이쪽으로 기울었다가 저쪽으로 기울었다.

끼동은 마침내 양달사의 집에 도착했다.

대문은 굳게 닫혀 있었다. 새벽별들이 까무룩 잠이 들 것만 같았다. 끼동은 대문 앞 토방(문 앞에 좀 높이 편편하게 다진 흙바닥)에 주저앉았다.

'이 밤중에 대문을 두드릴 수는 없는 노릇이야.'

끼동은 고개를 저었다. 그러나 딱히 갈 곳이 없었다. 막막했다. 물에 젖은 멍석(흔히 사람이 앉거나 곡식을 너는 데 쓰는, 짚으로 엮어 만든 큰 자리)처럼 무거운 잠이 쏟아져 내렸다.

호박 동곳의 비밀

"웬 아이가 대문간에 쓰러져 있어."

마당에서 소리가 났다. 양달사의 두 아들인 연과 철은 먹을 갈고 있었다. 아침에 일어나면 단정히 옷을 입고 먹을 가는 게 하루의 시작이었다. 사람들이 마당을 바삐 오갔다.

"어떤 아이가 대문간에 쓰러져 있습니다요."

집사가 말했다.

연은 고개를 돌려 알았다는 표정을 짓고는 다시 먹을 갈았다. 아버지 양달사는 초막에 갔다. 먹을 가는 시늉을 하고 있지만 철은 엉덩이가 간지러웠다. 연이 자리에서 일어났다. 철도 자리를 박찼다. 둘은 대문간으로 갔다. 몇 사람이 모여 웅성거렸고 사람들 틈으로 한 아이의 모습이 보였다.

"나는 아버님께 다녀오마."

연이 말했다.

철은 눈을 찡긋하면서 알았다는 시늉을 했다. 철은 골목으로 나서는 연의 뒤에 대고 손을 흔들었다. 형과 함께 있으면 마음대로 할 수가 없었다. 철은 사람들 틈을 비집고 나갔다.

아이 하나가 대문 기둥에 몸을 기댄 채 잠들어 있었다. 아는 아이는 아니었는데 낯이 익었다.

'맞아, 그 녀석이야.'

철은 2년 전의 일을 떠올렸다. 할머니의 회갑 때 줄을 타던 그 아이였다.

'줄 타던 저 녀석 때문에 내가 얼마나 혼났던가?'

철은 방으로 들어가서 붓에 먹물을 듬뿍 적시고 마루 밑에서 대나무 활을 꺼냈다. 붓으로 녀석을 맞출 생각이었다. 먹물 범벅이 될 녀석의 얼굴을 생각하자 웃음이 나왔다.

"어이쿠, 이게 뭐야."

끼동의 얼굴을 무언가가 때렸다. 깜짝 놀라 잠에서 깼다. 눈을 떴다가 눈두덩이 찝찔해 얼른 다시 감았다. 사람들이 수런거렸다. 끼동은 소매로 눈 주위를 닦으며 비로소 눈을 떴다. 소매에 시커먼 먹물이 묻어났다.

"이러시면 안 돼요."

먹골댁이 철을 보며 말했다. 흙 묻은 붓 하나가 바닥에 떨어져 있었다. 붓 끝엔 먹물이 흠뻑 적셔져 있었다. 대여섯 발짝 앞에 철이 대나무 활을 들고 서 있었다.

"드디어 원수를 갚았노라!"

철이 말했다. 끼동은 녀석을 대번에 알아보았다. 2년 전 회갑 잔치에서 줄타기를 할 때 자기를 향해 대나무 화살을 쏘았던 그 아이였다.

'저 녀석을 당장 때려눕힐까?'

그러나 보고 있는 사람들이 너무 많았다.

먹물 묻은 부위가 끈적거렸다. 끼동은 먹물이 뚝뚝 떨어지는 붓을 들고 일어섰다. 생각 같아서는 녀석의 얼굴에 먹칠을 해 버리고 싶었다. 그러나 양달사 앞에 엎드려 '양달사 어르신, 천한 것이 죽을죄를 지었습니다.'라며 머리를 조아리던 할아버지 폰개의 얼굴이 퍼뜩 떠올랐다. 그리고 도둑으로 몰려 매를 맞던 할아버지의 모습이 선명하게 살아났다.

'지금도 할아버지는 이방 집에서 매를 맞고 있을지도 몰라.'

끼동은 입을 꾹 다문 채 고개를 가로저었다.

"아무리 거지라고, 그러면 못 써요."

먹골댁이 끼동 쪽을 힐끔 보더니 이내 철을 데리고 집으로 들어갔다. 거지라는 말을 듣자 끼동은 얼굴이 화끈거렸다.
"남의 것을 함부로 욕심내면, 도둑이나 거지와 다를 바 없다. 광대패는 사람들을 울리고 웃겨서 당연한 대가를 받는 것이다."

끼동은 할아버지의 말씀이 떠올랐다. 하루라도 연습을 쉬지 말아야 한다던 할아버지였다.

잠시 후에 두 명의 남자가 집에서 나왔다. 나이 든 사람은 주름 많은 이마 한가운데 사마귀가 있었고, 다른 한 사람은 떠꺼머리(장가나 시집갈 나이가 된 총각이나 처녀가 땋아 늘인 머리)에 다리를 절었다. 집사와 춘동이었다.

"누우, 누우시니까?(누구, 누구십니까?)"

떠꺼머리 춘동이 입술을 비틀어 가며 말했다. 뭐라고 했는지 알아듣기 어려웠다.

"누우시꺼?(누구십니까?)"

그래도 알아들을 수 없었다. 끼동은 뭐라고 대답해야 할지 망설였다.

"봄뚱이 이놈, 또 장난질이냐?"

사마귀 집사가 춘동의 뒤통수를 때리며 말했다.

"어디서 왔느냐?"

집사가 물었다.

"그러니까 몇 년 전 이 댁 마님의 회갑 잔칫날……."
"그 마님 뵈러 왔다면 이미 늦었다. 돌아가셨다."
집사가 말했다.
"집사 어르신, 안으로 들일까요?"
대문을 열고 나온 먹골댁이 집사를 보며 말했다.
"잠시 기다려 보시게."
집사가 끼동이 앞에 마주앉았다. 춘동도 집사와 나란히 앉았다. 춘동은 무엇이 그리 즐거운지 얼굴에 웃음기가 가득했다.
"바비 머어쑤?(밥은 먹었어?)"
춘동이 오른쪽 얼굴을 일그러뜨리며 말했다.
"아니, 이놈이 그래도?"
집사가 춘동의 어깨를 툭 쳤다.
"쓸데없는 소리 말고 얼른 밥이나 가져와! 이 집 대문간에 든 사람은 굶겨 보내지 말라고 했으니!"
집사가 마당 쪽을 가리켰다. 어서 들어가 밥을 가져오라는 뜻이었다.
"아아써.(알았어.)"
춘동이 대문 안으로 들어갔다. 집사는 끼동의 몸 상태를 이리저리 살폈다.
"어디서 왔느냐?"

"덕진에 살고 있는 끼동이라 합니다요."

집사가 고개를 끄덕였다.

대문이 다시 열리고 춘동이 나왔다.

"무어라!(먹어라!)"

춘동이 다리를 절며 질질 끌다시피 해서 가져온 밥 보따리를 끼동 앞에 풀었다. 춘동은 여전히 얼굴 오른쪽을 찌그러뜨린 채 고갯짓을 했다.

쌀밥이었다. 끼동은 침을 꼴깍 삼켰다. 쌀밥과 미역국을 보자 입에 침이 고이는 것을 막을 수 없었다.

"치어히치어히 무어!(천천히 먹어!)"

춘동이 두 손으로 천천히 먹으라는 시늉을 했다. 끼동은 말도 잘 못하고 다리를 저는 춘동을 안쓰럽게 바라보았다.

얼마쯤 지났을까, 양달사와 연이 왔다.

"집으로 들이게."

달사는 흰 갓을 쓰고 있었다. 춘동이 끼동에게 들어가라고 손짓했다. 끼동은 마당을 지나 사랑채로 들어섰다. 끼동이 미처 앉기도 전에 달사가 말했다.

"그래, 할아버지가 잡혀갔다고?"

달사가 고개를 들어 끼동의 얼굴을 쳐다보았다. 덩치는 사람을 압도할 만했고 낯빛은 온화했다. 달사에게는 사람을 편하게 하는 기운이 있었다. 끼동은 무릎을 꿇고 앉았다. 그리고 어제 겪었던 일을 말하기 시작했다.

난데없이 이방과 벙거지들이 온 것이며, 집 안의 온갖 것을 뒤집어 놓고, 쓸 만한 물건은 다 가져갔다고도 했다. 할아버지가 잡혀간 것을 얘기할 때는 가슴이 먹먹해졌다.

호박 동곳에 대해서는 망설였다. 할아버지 폰개가 잡혀간 것은 공납 때문이 아니라 호박 동곳 때문이었다. 그런데 호박 동곳은 이 댁과 관련이 있다.

'행여 훔친 것이 아니냐고 호통을 치면 어찌할 것인가? 그런데 호박 동곳이 아니라면 할아버지는 잡혀가지 않았을 것이다. 어디까지 말해야 하나?'

끼동은 머리가 지끈거렸다. 끼동이 이 댁에 온 것도 호박 동곳 때문이었다. 호박 동곳이 문제였다. 그런데 훔친 게 아니라 이 댁에서 받은 것이란 걸 양달사가 믿을 것인가?

"몸을 편히 하여라."

달사가 말했다.

끼동은 혀를 입천장에 대고 잠시 숨을 죽였다.

'말해야 하나 말아야 하나? 말하지 않는다면 전혀 의심받지 않을 것이다. 그런데 말하지 않으면 할아버지가 잡혀간 이유를 설명하기 어렵다. 하지만 사실대로 말해서 의심이라도 받게 된다면 상황이 더 나빠질 수도 있다. 이방과 양달사가 같은 생각을 하고 닦달한다면 꼼짝없이 도둑으로 몰릴 것이다. 이 댁 마님이 호박 동곳을 내게 준 것을 아는 사람은 할아버지와 나밖에 없다. 호박 동곳이 원래부터 있었다고 할까? 어쩌면 양달사도 모르는 호박 동곳일 수 있다.'

끼동은 머릿속을 다 털어 내고 싶었다.

'거짓말을 해야 하나? 사실을 말해야 하나?'

침묵이 앙금처럼 쌓이고 있었다. 몸이 후끈거렸다. 끼동은 봉해진 봉지를 트듯 입을 열었다.

"호박 동곳이 있었습니다요."

망설이던 끼동이 말했다. 호박 동곳이라는 말에 달사가 놀란 표정을 지었다. 끼동은 입이 바짝 말랐다.

'올 것이 왔구나? 행여 이 댁에서 잃어버린 것이라고 하면 어떻게 하지?'

숨이 막혀 왔다.

"호박 동곳이라면 흔한 물건이 아닌데?"

"그것이 문제가 되었습니다."

목에 걸린 음식 덩어리가 쑥 빠진 느낌이었다. 끼동은 이방이 호박 동곳을 가져갔다는 얘기며, 그것을 빼앗기지 않으려

호박 동곳의 비밀

다가 몸싸움을 했던 것이며, 이방이 매타작을 한 것이며, 자기가 호박 동곳을 가져오려다가 쫓기게 된 사연까지 죄다 얘기했다. 달사는 끼동의 말을 차분히 들었다.

이윽고 달사가 무거운 입을 열었다.

"그래, 그 호박 동곳은 어디서 난 것이더냐?"

달사가 물었다.

끼동은 쉽게 입을 떼지 못했다.

'돌아가신 모친께서 회갑 잔치 때 주신 것입니다.'

그러면 되는 것이었다. 그런데 말이 뱅뱅 입 속에서 돌았다.

'그 호박 동곳을 누가 주었단 말이냐? 어머님이 그것을 주셨을 리가 없다. 네놈이 그때 훔친 것이구나!'

달사가 그렇게 호통칠 것만 같았다. 양반들은 무엇이든 자기들이 옳았다. 사실을 말해도 곧이듣지 않았다. 끼동이 만난 대부분의 양반은 그랬다.

'이분도 양반이니 그럴 것이다. 아니, 아닐 수도 있다. 내가 지금까지 만난 양반이 몇이나 되겠는가? 양반 중에도 참과 거짓을 알아보는 양반이 분명히 있을 것이다.'

생각이 뒤척거렸다.

호박 동곳을 양달사의 어머니에게 받은 것은 2년 전 회갑 잔치 때였다. 끼동은 어름사니(남사당패에서 줄을 타는 사람 가운데 우두머리)인 할아버지 폰개를 따라 이 집에 왔다.

그날은 새벽부터 광대들의 얼굴에 웃음기가 가시지 않았다. 인심 후하기로 소문난 집이라 했다. 현감을 지낸 분의 어머니 회갑 잔치라 했다.

끼동이 살고 있는 덕진 마을에서 잔치가 열린다는 봉호정 마을까지는 족히 반나절은 걸어야 했다.

광대들은 있는 재주를 다 부렸다. 음식은 넉넉했고 모여든 사람들이 하도 많아서 시장 같았다. 끼동의 뱃속에서 꾸르륵거리는 소리가 났다. 쌀밥에 고기 한 점 먹는 건 일 년에 몇 번 없는 호사였다. 그것도 끼동은 함부로 먹을 수가 없었다.

"줄꾼은 몸이 무거우면 안 되는 법이다."

폰개 할아버지는 늘 그렇게 말했다. 행여 음식을 먹다 탈이 날 수도 있다고 했다.

풍물놀이에 이어, 버나재비(남사당패에서 대접돌리기 따위의 재주를 부리는 사람)인 석길이 아저씨가 접시를 돌릴 때 사람들은 숨을 죽였다. 땅재주꾼 땅쇠가 마당을 휘젓고 나갔다. 땅쇠의 땅재주는 날이 갈수록 늘었다. 물구나무를 잘 섰는데, 발을 굴려 허공에 한 바퀴 돌아서 내리기도 했고, 말을 타면서 온갖 재주를 부리기도 했다. 특히 한 손을 말 등에 얹고, 말과 같이 뛰는 모양은 축지법을 연상하게 했다.

어느새 끼동이 차례가 되었다. 끼동은 어름사니인 폰개 할아버지로부터 줄타기를 배웠다. 어렸을 때부터 줄을 탔지만 줄타기는 늘 조심스러웠다. 이따금 발을 헛디딜 때도 있었다. 그럴 때마다 구경꾼들은 웃었지만 끼동은 부끄러웠다.

"줄꾼에겐 줄 밖이 저승이다!"

할아버지는 평상시에는 너그러웠지만 줄을 탈 때는 엄했다.

끼동이 줄을 딛고 올라가 작수목(줄타기할 줄을 높이 지지하는 X자형 나무)을 잡았다. 숨을 한 번 크게 쉬었다. 줄타기를 시작

했다. 앞걸음질(줄 위에서 앞으로 걸어나가기), 뒷걸음질(줄 위에서 뒤로 걸어나가기)에 이어 외홍잡이(줄 위에서 한 발이 내려왔다가 줄의 탄력에 의하여 다시 올라가 딛기)도 능숙하게 해냈다. 쌍홍잡이(두 다리로 줄을 타고 앉았다가 내려갔다 다시 줄의 탄력에 의하여 올라와 서기)를 할 때였다. 난데없이 화살 하나가 끼동 쪽으로 날아들었다. 끼동은 허공을 딛고 말았다. 순간이었다. 풍물 소리가 뚝 그쳤다.

광대들이 달려왔다. 할아버지 폰개가 걱정스러운 표정으로 끼동을 바라보았다. 할아버지가 당장이라도 호통을 칠 것 같

앉다. 끼동은 마음을 졸였다. 그때였다.

"도대체 어떤 놈이 이런 짓을 했어?"

뭉툭한 대나무 화살을 쥔 채로 석길이 소리를 질렀다. 한 아이가 대나무 활을 들고 서 있었다. 예닐곱 살 정도 되어 보이는 사내아이였다. 철이었다. 석길이 성큼성큼 철에게 다가갔다.

"네놈이야? 어린것이 사람을 죽이겠네! 야, 이놈아!"

석길이 철을 향해 호통을 쳤다. 철은 금방 울음을 터뜨렸다. 그때였다. 와글거리며 몇 사람이 석길에게 달려들었다. 이내 소낙비 내리듯 몽둥이질 소리가 쏟아졌다. 석길은 쓰러졌다.

"천한 놈이 어디다 대고 눈을 부라리는 거야!"

쓰러진 석길을 둘러싸고 몇 사람이 발길질해 댔다. 그 옆에서 먹골댁이 철을 달랬다.

"도련님, 괜찮아요. 도련님!"

여전히 사람들은 석길을 때리고 있었다. 우악살스럽게 석길을 패는 사람들을 폰개 할아버지 혼자서 말리고 있었다. 폰개는 머리에서 동곳이 빠진 줄도 몰랐다.

"멈추어라."

굵은 목소리와 함께 갓 쓴 양반이 마당 가운데로 걸어왔다. 양달사였다. 폰개 할아버지는 그 양반 앞에 무릎을 꿇고 머리를 조아렸다. 폰개의 머리가 짚 다발처럼 풀려 있었다. 달사

곁에는 달사의 어머니도 서 있었다.

"양달사 어르신, 천한 것이 죽을죄를 지었습니다. 어린것이 서툴러서 그런 것이니 노여움을 거두어 주십시오."

폰개는 머리가 땅에 닿도록 고개를 주억거렸다. 폰개 옆에는 석길이 씩씩거리며 서 있었다.

"자네는 뭣 하는가? 어서 엎드리지 않고!"

폰개가 석길을 보며 말했다. 끼동은 화가 났다.

'저 어린놈이 나를 다치게 했는데 어째서 할아버지가 잘못을 빌어야 한단 말인가?'

끼동은 화가 나서 참을 수 없었다. 석길의 손에 있는 화살로 어린놈을 패고 싶었다. 싸움이라면 얼마든지 자신 있었다.

"양달사 어르신, 버러지 같은 이놈을 벌하시고, 저 아이는 제가 잘못 가르친 탓이니 부디 은혜를 베풀어 주십시오."

폰개가 달사의 낯을 살피며 슬쩍 끼동을 바라보았다. 끼동은 더욱 부아가 났다.

"아닐세."

서 있던 달사가 몸을 낮췄다. 그리고 바닥에 붙어 있던 폰개의 흙 묻은 손을 두 손으로 감쌌다. 폰개는 부축을 받으며 자리에서 일어났다. 달사의 어머니가 폰개의 옷을 털어 주었다. 그러다 바닥에서 동곳을 주웠다. 호박 동곳이었다. 이내 달사가 끼동이에게 다가왔다.

"다친 데는 없느냐?"

달사가 끼동의 등을 어루만졌다. 끼동은 오른쪽 팔꿈치가 아픈 것을 비로소 알아차렸다. 땅에 떨어질 때 팔이 바닥에 쓸린 것 같았다. 쓰라렸다.

"물러들 가거라."

달사가 석길을 두들겼던 사람들을 향해 말했다. 목소리가 바윗돌처럼 무거웠다. 집사가 고갯짓으로 몽둥이 든 이들을 물러가게 했다. 엉거주춤 서 있던 무리가 뒤란으로 돌아갔다.

"내가 뭘 잘못했다는 거야?"

끼동에게 화살을 날렸던 철이 큰 소리로 울었다. 달사가 철이 쪽을 힐끗 쳐다보았다.

"먹골댁, 철이를 데리고 들어가게."

달사의 어머니가 말했다. 그리고 원래 자리로 돌아가 앉았다. 소란스러움은 금세 가라앉았다.

"많이 쓸렸구나. 아프겠다. 누가 가서 약을 가져오너라."

달사가 끼동의 다친 팔을 살피며 안채를 향해 소리쳤다.

"알았습니다요."

젊은 여자 하나가 부리나케 안채 대청마루로 들어갔다.

"팔을 올려 보아라."

달사의 말에 끼동은 팔을 들어 올렸다.

"다행이다."

젊은 여자가 작은 유병 하나를 들고 왔다. 달사가 유병에서 무슨 액체를 따라 끼동의 팔에 발라 주었다. 참기름 냄새가 났다. 참기름 냄새가 나자 끼동의 눈에서 갑자기 눈물이 쏟아졌고 뱃속이 요동을 쳤다.

"이 녀석은 배가 고픈 모양이오. 좋은 날이니, 어름사니의 솜씨를 보고 싶구려."

달사가 폰개를 향해 말했다. 머리칼이 풀어진 폰개는 동곳을 찾았다. 땅바닥을 아무리 살펴도 호박 동곳이 보이지 않았다. 폰개는 젓가락을 가져다가 동곳을 대신했다.

폰개가 줄에 오르자 이내 날라리(태평소. 호적이라고도 한다.) 소리가 울렸다.

"이거 가져가거라."

놀이판이 끝났을 때, 끼동을 가까이 부른 달사의 어머니가 무언가를 손에 쥐어 주었다. 바로 호박 동곳이었다.

'마님이 왜 이것을 나에게 주는 거지?'

잠시 의문이 들었지만 기쁨이 먼저였다. 끼동의 가슴이 요동치기 시작했다.

'드디어 내게도 보물이 생겼다!'

눈 내린 날의 강아지처럼 뛰어다니고 싶었다. 행여 누가 볼세라 얼른 괴춤(바지의 허리를 접어서 여민 사이)에 넣었다. 그렇게 받은 호박 동곳이었다.

집으로 돌아온 뒤에 끼동은 할아버지에게 조심스럽게 말을 꺼냈다. 호박 동곳을 받게 된 상황을 부러 자세하게 말했다. 또 할아버지가 나무랄지 몰랐다. 그런데 폰개 할아버지는 가타부타 말이 없었다. 평소 같았으면 호통을 쳤을 게 틀림없었다.

'그렇게 귀한 것을 함부로 받아야 되겠느냐?'

'도둑놈 심보가 아니고는 분에 넘치는 것을 받는 게 아니다.'

금방이라도 할아버지가 종아리를 걷으라고 할지 몰랐다. 끝

까지 숨길 걸 잘못했나 싶기도 했다. 그런데 할아버지는 입을 달싹였다가 이내 다물었다. 호박 동곳을 종이에 싸서 분통에 넣었다. 그래서 끼동은 호박 동곳이 그다지 귀한 것이 아니라고 여겼다. 그것이 2년 전의 일이었다. 그런데 별것이 아니라고 여겼던 호박 동곳이 할아버지를 끌려가게 만들었다. 끼동의 머릿속에서 호박 동곳은 커다란 가시가 되었다.

"그래, 그 호박 동곳은 어디서 난 것이더냐?"
달사가 물었다.
호박 동곳은 숨길 수 없는 가시였다. 그러나 끼동은 달사의

말에 쉽게 대답하기가 어려웠다.

호박 동곳을 본 이방의 놀란 표정이 떠올랐다. 이방의 눈빛에는 끈적끈적한 욕심이 묻어 있었다.

이방이 그렇게 탐을 낸 물건이라면 양달사에게도 귀할 것이었다.

'그것이 그렇게 귀한 것인가?'

끼동은 알 수가 없었다. 그러나 끼동에게는 별 쓸모가 없는 것이었다.

호박 동곳이 아무리 귀하고 비싼 것이라 하더라도 보다 중요한 것은 할아버지를 구하는 일이다. 설령 양달사가 오해하더라도 물건을 돌려주면 된다. 훔쳤다고 몰아붙일 수는 있다. 혹은 거짓말을 했다고 매를 때릴 수도 있다. 그렇지만 죽이지는 않을 것이다.

"그래, 그 호박 동곳은 어디서 난 것이더냐?"

달사가 다시 물었다.

끼동은 용기를 냈다.

"돌아가신 이 댁 마님께서 제게 주신 것입니다요."

낮은 목소리로 또박또박 말했다. 속이 후련했다.

'이제 날벼락이 떨어진대도 어쩔 수가 없다. 어떤 일이 생기더라도 할아버지가 잡혀간 것보다 나쁜 일은 일어나지 않을

것이다.'

　말을 마친 끼동은 고개를 푹 수그렸다. 죄를 짓지는 않았지만 고개를 들 수가 없었다.

세상에서 가장 느린 말

"춘동이가 왔습니다요."

집사가 말했다. 달사가 안채에서 나왔다. 다리를 절었던 떠꺼머리 춘동이 대문간으로 들어서는데 걷는 모양이 멀쩡했다. 끼동은 어안이 벙벙했다.

'아침에는 절었던 다리가 저렇게 멀쩡해질 수 있다는 말인가?'

끼동은 눈을 커다랗게 뜨고 춘동을 바라보았다.

"어떻더냐?"

"옥에 갇혔답니다요."

춘동은 아침과 다르게 말도 또박또박하였다. 끼동은 또 놀랐다. 옥에 갇혔다는 사람이 할아버지일 것 같은데, 그것보다 더 놀라운 게 춘동이었다.

'절었던 다리를 그새 고쳤단 말이야?'

끼동은 고개를 갸우뚱했다.

"가 봐야 할 것 같구나. 먼저 끼동을 데리고 이방 댁으로 가거라. 금세 채비하고 따라가마."

말을 마친 달사가 안채로 들어갔다.

끼동은 부리나케 춘동에게 갔다.

"저희 할아버지가 옥에 갇혔나요?"

"그랬다는구나."

춘동이 말했다.

'할아버지가 기어이 옥에 갇히셨구나.'

끼동은 막막했다.

'광대패에 알리면 무슨 방법이 있을까? 무슨 수를 써서라도 할아버지를 옥에서 나오게 해야 할 것인데······.'

그때 춘동이 끼동의 어깨를 툭 쳤다.

"어서 가자."

춘동이 끼동의 손을 잡았다.

마을을 벗어나자 춘동은 말이 많아졌다.

"끼똥이라고 했지? 나는 봄똥이야!"

춘동이 말했다.

"끼똥이 아니라 끼동인데요."

"그래, 알아. 끼똥이."

끼동은 대꾸하기가 싫었다.

"끼똥이 너는 몇 살이야? 나는 열일곱."

"열두 살이요. 왜요?"

"야, 끼똥아. 우리 형제 하자. 봄똥이, 끼똥이, 똥 자 돌림이잖아. 돌림자가 같으니 형제 아니냐? 소똥, 말똥, 개똥, 끼똥, 봄똥."

춘동은 아예 똥 자를 이어 가며 노래를 불렀다.

"끼동이라니까요?"

"그래. 끼동이, 춘동이, 동 자 돌림, 그래도 돌림자가 같네."

춘동이 장난스럽게 말했다. 하지만 끼동은 춘동의 말에 놀아나기가 싫었다. 할아버지가 옥에 갇혀 있는데 농담이나 하고 있을 수는 없었다. 잠시 침묵이 흘렀다.

그러나 춘동은 입을 다물고 있질 않았다. 춘동은 왜구에게 부모님을 잃은 뒤 양달사 댁으로 왔다고 했다.

"머슴이라고는 해도 배는 곯지 않아. 나는 이게 좋아. 어차피 양반도 아니었으니, 별 볼일 없는 인생이잖아? 인생 뭐 있어? 야, 끼똥이! 그렇게 입 다물고 있을래? 그래 봤자 바뀌는 거 없어. 그렇게 인상 찡그리고 있으면 네 할아버지가 옥에서 나오냐? 찡그린 구름은 비라도 내리게 하지만, 찡그린 사람 인상은 거름도 안 돼. 야 끼똥아!"

"자꾸 끼똥이라 부르지 마요."

"야, 임마. 끼똥이를 끼똥이라 부르는 게 뭐 어때서?"

"에이, 씨. 그렇게 부르지 말랬잖아요?"

끼똥이 주먹을 쥐며 금방 달려들 듯한 표정을 지었다.

"우아, 우리 끼똥이 무섭네. 호랑이 똥 같은 표정이네. 아니 소똥 같네. 히히."

가을볕에 얼굴이 따가웠다.

"야, 내 이름이 왜 봄똥인 줄 알아?"

"춘동이잖아요?"

"원래는 봄똥이야. 양달사 어른이 한자로 바꾸어 준 것이지. 봄똥이가 내 이름이야."

"왜 봄똥인데요?"

"겨울이 막 지난 밭에 새파랗게 자라나는 배추 있잖아. 그걸 봄똥이라고 한대."

"그래서요?"

"그렇게 겨울에도 죽지 않고 시퍼렇게 살아 있으라고 봄똥이라고 한 것이야. 네 할아버지 이름도 폰개잖아? 판개나 폰개나 같은 말인데 왜 그런 줄 알아?"

"몰라요."

"오래 살라고 그런 거야. 폰개가 팔아 버린 개라는 뜻이거든. 저승사자들이 오면 사람만 저승으로 데려간대. 그런데 사람을 개라고 부르지는 않잖아. 그래서 폰개, 똥개 이렇게 개 이름으로 지어 놓으면 절대로 안 죽는대. 그런 것도 몰랐어?"

"몰랐어요."

영암성까지 가는 동안 춘동은 많은 이야기를 해 주었다.

달사가 얼마나 칼을 잘 쓰고 활을 잘 쏘는지도. 어떤 날엔 월출산 꼭대기까지 날아서 다녀오는 것을 자기 눈으로 보았다고까지 하였다.

"아무리 슬퍼도 웃을 줄 알아야 해. 나는 그래. 우리 가족이 섬에 살 때였는데 아버지가 화장실에서 똥 누고 있다가 왜놈들이 쏜 화살에 맞았어. 똥통에 앉아 있다가 화살을 맞았으니 그대로 똥통 속으로 거꾸러졌지. 그런데 우리 아버지 죽어 가면서 뭐라고 한 줄 알아?"

"어떻게 알아요? 관심 없어요."

"에이, 그래도. 뭐라고 했을 것 같아?"

춘동이 자꾸 보챘다.

"뭐라고 하긴요. 그냥 윽! 하셨겠죠."

"아니야. 야, 봄똥아! 이렇게 부르시더니, 내가 죽더라도 저놈들에게 먹힐 일은 없겠다. 이렇게 똥 범벅이 되었는데 어떻게 저놈들이 날 먹겠느냐? 그러시더라. 그때까지도 왜구는 사람을 잡아먹는다고 그랬거든."

그러면서 춘동은 또 활짝 웃었다.

"그것 때문에 머리가 돈 거예요?"

끼동이 사납게 말을 뱉었다. 그래도 춘동은 입을 다물지 않았다. 나라에서는 섬에 들어가지 말라고 했는데 그래도 섬에서 살 때가 가장 좋았노라고 했다.

"부러울 게 없었어. 왜놈들이 쳐들어오기 전까지는……."

춘동과 끼동은 달사를 따라 이방의 집으로 들어섰다. 사랑채 모서리를 돌아 들어가는데 이방의 목소리가 들렸다.

"그렇게 귀한 물건이란 말이지?"

"예, 예. 그렇습니다요. 한양에서도 구하기 어려운 물건입니다요."

방물장수 방 씨의 목소리였다. 마루에 서 있다가 양달사 일행을 발견한 이방이 이쪽저쪽을 살피며 헛기침을 했다. 그러더니 달사에게 눈을 고정시켰다.

"아이고, 이게 누구신가요?"

이방이 거짓 웃음을 지어 보였다. 양손을 크게 벌려 반기는 모양을 냈다. 그런 후 한 손을 가만히 내려 방 씨를 밀어냈다. 방 씨가 쭈뼛쭈뼛 뒷걸음질을 쳤다. 방 씨가 몸을 돌려 가려다가 다시 뒤돌아서서 이방을 바라보았다. 사랑채 마루에 선 채 이방이 소리쳤다.

"알았으니 가 보시게."

방 씨가 엉거주춤 뒤로 물러났다. 몸을 돌려 두어 걸음 나가던 방 씨가 다시 뒤돌아봤다. 이방이 왜 말을 듣지 않느냐는 표정으로 방 씨를 쏘아보았다. 그러나 방 씨가 이번에 바라본 사람은 이방이 아니었다. 방 씨가 달사를 보며 미소 지었다. 그리고 달사에게 고개를 숙여 인사했다. 방 씨가 한쪽 눈을 찡긋하는 것을 이방은 보지 못했다. 달사가 고개를 끄덕였다.

달사와 방 씨는 동갑이었다. 두 사람은 신분 차이가 있음에도 가깝게 지냈다. 달사가 방 씨에게 구하기 힘든 물건을 구해 달라고 부탁하기도 하고, 방 씨도 달사를 찾아 여러 가지 일을 상의했다. 이따금 두 사람은 말을 타고 사냥을 가기도 했다. 달사의 말은 호마(중국의 북방이나 동북방 등지에서 나는 말)였고, 방 씨의 말은 조랑말이었다. 그들은 서로 말을 바꾸어 타기도 하였다. 방 씨가 얼른 자리를 뜨지 못하고 머뭇거리자 달사가 어서 가라고 손짓했다. 방 씨가 멀어졌다.

달사가 사랑채로 들어섰다. 이방의 책상에 호박 동곳이 놓여 있었다. 끼동이네 물건이 틀림없었다.

"물건을 찾으러 왔소."

달사가 말했다.

"무슨 물건을 찾으러 왔다는 말씀이신지요?"

이방이 정중하게 말했다. 지금은 시묘살이(조선 시대에 부모가 돌아가시면 자손이 묘 앞에 움막을 짓고 3년을 살았다. 그것을 시묘살이라고 하였다.)를 하고 있지만 얼마 전까지만 하더라도 양달사는 해남 현감이었다. 이방은 과거를 통해 관직을 얻은 달사를 조심할 수밖에 없었다. 관직이 올라가면 달사는 영암 군수로도 올 수 있었다. 과거 시험에 합격한 사람은 나라 전체에서도 그다지 많지 않았다.

"저것이군."

달사가 이방의 책상 위에 놓인 호박 동곳을 가리켰다.

"아, 이것이 양달사 영감의 것이었습니까? 그 천것들이 그 댁에서 훔친 것이었군요? 짐작은 했습니다. 그렇지 않아도 의심이 가서 잡아 놓고 조사하던 참이었습니다."

이방이 비실비실 웃으며 책상 위에 있는 호박 동곳을 달사에게 넘겼다.

"아니오. 괜한 수고를 하시었소. 모친께서 이 아이에게 준 것이오."

달사가 호박 동곳을 조끼 주머니에 넣었다.

"그 노인은 어디에 있소?"

"누구를 말씀하시는지요?"

"호박 동곳을 뺏긴 노인 말이오."

달사가 이방을 쏘아보았다.

"그 천것은 공납을 내지 않아서 잠시 가두었습니다요."

"공납을 내지 않았다?"

"그, 그렇습니다요."

"그래요? 사또께 따져 보겠소."

"그러실 것까지 있겠습니까요?"

사또에게 따지겠다는 말에 이방은 수그러들었다. 지방의 군이나 현에는 6방이 있었지만 그들은 중앙에서 내려보낸 관리들이 아니었다. 군수인 사또가 그만두라 하면 언제든 끈이 떨어질 수 있었다.

"공납을 덜 낸 자가 그놈뿐인 것도 아니고, 가뜩이나 옥이 좁으니 달사께서 직접 가실 일이야 있겠습니까요?"

이방이 정도 이상으로 굽실거렸다.

옥에 갇혀 있다던 할아버지 폰개는 이방의 집 창고에서 나왔다. 몸이 만신창이가 되어 있었다. 폰개 할아버지와 함께 갇혔던 젊은 여자 두 명도 풀려났다. 젊은 여자들은 난데없이 잡혀 왔다고 했다.

"이렇게 사사로이 백성들을 괴롭히니 왜구가 함부로 노략질을 하는 것이오, 이방!"

이방은 고개를 돌려 딴 곳을 보았다.

달사는 속에서 부글부글 끓어오르는 분노를 억눌렀다. 생각 같아서는 때려죽여도 시원찮을 것이지만 이방을 벌하려면 법에 의지할 수밖에 없었다.

'이러니 백성들이 스스로 왜구가 되려 한다는 말까지 도는 것이 아니겠는가?'

달사는 자기 자신에게 물었다. 답이 없었다. 조선이 세워진 이래 왜구가 침범한 것이 수백 번이었다. 군수란 자도, 이방이란 자도, 호방, 형방들까지도 오직 백성의 마른 등짝에 달라붙은 빈대와 다를 바가 없었다.

사람들을 집으로 돌려보낸 뒤 달사는 방물장수 방 씨를 찾아갔다. 방 씨와 이방이 나눈 얘기가 궁금했고 방 씨의 말(馬)도 보고 싶었다. 달사는 칼이나 활에도 관심이 많았지만 말에 대한 애정도 남달랐다.

"이 물건은 호박 동곳인데 머리에 이런 문양을 한 것은 지체 높은 분이 썼다고밖에는 달리 할 말이 없습니다요."

방 씨가 호박 동곳에 대해 자세히 설명했다. 달사는 연신 고개만 끄덕였다. 짐작은 했었다. 그 물건은 달사 집안의 것이 아니었다. 동곳은 남자들이 쓰는 물건인지라 자기가 모르는 동곳이 있을 리가 없었다.
　'그런데 왜 그것이 어머님의 손에서 나왔다는 말인가? 윗대로부터 비밀리에 전해진 물건일까? 만약 그렇다면 어머님이 그 아이에게 주었을 리가 없다.'
　일은 풀렸지만 비밀은 더 깊은 곳으로 감추어졌다.
　"백일마는 잘 있는가?"

달사가 말을 돌렸다. 방 씨가 타고 다니는 말은 백 일 동안 하루도 쉬지 않고 타도 된다는 말이었다. 순하기도 하였지만 특히 달사를 주인처럼 따랐다.

방 씨가 백일마를 끌고 왔다.

"한번 다녀오겠네."

달사가 백일마의 등에 올랐다. 말은 이내 달리기 시작했다. 채찍질을 하지 않아도 말은 언제 달려야 할지를 알고 달렸다. 허벅지에 힘을 주자 말은 더 빨라졌다. 마치 달사의 마음을 읽는 것 같았다.

말은 시원하게 앞으로 달렸지만 달사의 머릿속은 혼란스러웠다. 의문이 풀리지 않았다. 말을 아무리 빨리 몰아도 속이 후련하지 않았다. 서쪽 하늘에 구름이 빨갛게 물들어 가고 있었다. 돌아온 달사가 말에서 내렸다.

"여전히 이 말은 느림보로구만."

"쉿, 듣습니다요. 그래도 이 말이 진흙 펄에서도 유일하게 빠지지 않았던 놈이죠."

방 씨가 말의 얼굴을 쓰다듬으며 말했다.

"갈대 뿌리가 되었건 돌이 되었건, 발이 안 빠질 데를 귀신같이 알고 딛더라고요."

방 씨의 백일마 자랑이 또 시작되었다. 방 씨는 적토마(중국 삼국 시대의 관우가 탔다는 말. 좋은 말의 대명사처럼 쓰인다.)를 준대도 백일마하고는 안 바꾼다고 했다.

끼동의 내력

　이방과 벙거지들의 손을 탄 집 안은 말이 아니었다. 곡식이라고는 겉보리 한 톨도 남아 있지 않았고 쓸 만한 물건은 솥단지 하나까지 모두 사라졌다. 광대놀이를 할 때 쓸 도구들을 건들지 않은 것만으로 다행이었다.
　"얼마나 고초가 많으셨어요."
　석길 내외가 보리쌀 한 되를 가져왔다. 석길의 아내 다시댁은 끼동의 손을 감싼 채 눈물을 펑펑 쏟았다.
　"아이고, 귀하디귀한 사람이 이리되었으니, 어째야 할꼬."
　다시댁이 우는 통에 끼동도 눈물이 글썽해졌다. 광대들만 곡식을 쪼개어 가져왔을 뿐, 본마을 사람들은 얼씬도 하지 않았다. 끼동의 집은 덕진 마을 한가운데 있는 것이 아니었다.

광대들을 마을로 들일 수 없대서 마을과 조금 떨어진 강둑에 흙집을 지었다. 대여섯 채의 허름한 흙집이 제비집처럼 강둑에 다닥다닥 붙어 있었다.

땅쇠도 왔다. 과묵한 땅쇠는 불쑥 보따리를 내밀었다. 아침부터 연습했는지 옷에 먼지가 범벅이었다. 땅쇠는 끼동만큼이나 열심히 재주를 익혔다.

"형, 이제는 말 위에서 물구나무도 설 수 있어?"

끼동이 안부 삼아 물었다.

"아직 못 서."

땅쇠가 대답했다.

목소리는 낮았지만 자신 없어 보이지는 않았다.

"형은 틀림없이 해낼 거야."

"그렇게 되겠지. 누군가가 해냈다면 나도 할 수 있겠지. 그런데 참 어렵네. 나는 재주가 없는 사람인가 봐."

"말도 안 돼. 형만 한 땅재주꾼이 어디에 있다고."

"너는 참 칭찬도 잘한다. 이거 할아버지께 드려."

유독 숫기가 없는 땅쇠는 보따리만 두고 갔다. 열어 보니 한 근이나 되어 보이는 돼지고기였다.

잠시 후에 춘동이 왔다.

"야, 끼똥아. 이리 나와 봐라."

춘동이 나귀를 끌고 와서 끼똥을 불렀다. 짐이 많았다. 솥단지며 물통 같은 것들을 싣고 왔다. 하마터면 형이라는 말이 나올 뻔했다. 약간의 쌀과 반찬거리도 있었다. 할아버지는 고개를 들지 못한 채 그것들을 받았다.

"끼똥아, 나한테 줄 타는 것 좀 가르쳐 줘."

"그거 배워서 뭐 하려고?"

"야 재미있지 않냐? 내가 줄타기를 아주 잘하는데 줄 위에서는 못 타."

"무슨 말이야?"

"줄에 매달려서 이리저리 날아다니는 건 잘한다고, 그런데 너처럼 줄 위는 못 걸어 다녀. 몇 번 해 봤는데 참 어렵더라?"

춘동이 머리를 긁적거렸다. 그때 끼똥이 물어보고 싶었던 게 떠올랐다.

"그런데 형, 저번에 다리 다쳤던 것은 어떻게 된 거야?"

끼똥은 궁금했지만 관심을 두지 않으려 애써 참았던 말을 꺼냈다.

"응, 그거 장난이야. 근데 드디어 우리 끼똥이가 형이라 불렀다! 야, 봄똥, 끼똥 형제가 만났으니 똥 잔치나 해 볼까?"

춘동은 정말로 기뻐하는 것 같았다.

"오늘부로 형 봄똥이는 아우 끼똥이를 형제로 받아들이노라! 야, 기막히지 않냐? 똥똥 의형제. 야, 끼똥아. 지금부터 우리는 절대 싸우지 않아야 한다. 똥이 똥하고 싸우는 것 봤냐?"

춘동은 말하면서도 당나귀 등에서 짐을 내렸다. 끼똥은 부지런히 짐을 날랐다.

이제 몇 개의 포대만 남았을 때였다. 춘동이 끼똥의 소매를 잡았다.

"이건 비밀인데 의형제 된 기념으로 내가 너한테 부채활을 줄게."

"부채활이 뭔데?"

"그런 게 있어. 세상에 하나밖에 없는 거야. 특별히 아우한테만 주는 거야."

끼똥은 부채활이 무엇인지는 모르지만 자기한테만 준다는 말에 기분이 좋았다.

"그리고 진짜, 똥은 똥끼리 안 싸워. 똥은 똥끼리 뭉쳐서 논밭을 기름지게 하지. 우린 진짜 멋진 똥똥 형제야. 얼마나 놀라워. 이 나라를 기름지게 하고, 이 나라를 구할 똥똥 형제."

춘동의 목소리가 커졌다.

"그만해, 형. 너무 웃겨."

끼똥이 피식 웃었다.

남은 짐을 다 들였다. 춘동이 들어와서 할아버지에게 인사를 하며 말했다.

"주인어른께서 한번 다녀가라고 하셨습니다요."

폰개는 알았다고 고개를 끄덕이며 말했다.

"오후에 감세."

춘동이 나귀를 끌고 돌아갔다. 끼동과 할아버지는 양달사 댁에서 가져온 반찬으로 밥을 먹었다.

"이 은혜를 어찌 다 갚을까?"

폰개가 먼 하늘을 보며 말했다.

"고초가 많으셨지요?"

사랑채 마루에서 달사가 말을 건넸다.

"아이고, 아닙니다요, 나으리. 살펴 주신 은혜는 백골난망(죽어서 뼈만 남은 뒤에도 잊을 수 없다는 뜻으로, 남에게 큰 은혜나 덕을 입었을 때 고마움을 나타내는 말)입니다요. 어찌 그 덕을 갚을지."

폰개는 금방이라도 마당 바닥에 무릎을 꿇을 것만 같았다.

그때 달사가 버선발로 뛰어내렸다.

"어허, 왜 이러십니까. 이러자고 모신 것이 아닙니다. 어서 안으로 드십시다."

달사가 한지로 단정하게 싼 호박 동곳을 내밀었다.

"궁금한 게 있습니다. 이 물건이 보통의 것은 아닌데 혹여 말 못 할 사정이라도 있으신지요?"

달사가 물었다.

폰개는 입을 다물었다. 자신의 내력을 말한들 아무 의미도 없을 것 같았다. 사화가 있었고 온 가족을 다 잃었다. 정미년(1547년)의 일이었다. 겨우 목숨만 건졌다. 남은 것은 자기 몸뚱이 하나밖에 없었다. 어린 끼동을 데리고 나왔지만 앞길이 막막했다. 광대패(판소리, 가면극, 곡예 따위의 연희를 업으로 하는 사람을 통틀어 이르던 말. 재인, 창우대, 화랑이라고도 하였다.)에 붙어서 줄타기를 배웠다. 어린것의 목숨을 살려야 했다. 뒤늦게 배운 줄타기여서 남들보다 더 열심히 익혔다. 할 수 있는 게 그것밖에 없는 사람처럼 오직 줄을 갖고 살았다. 일이 있건 없건 줄타기에 매달렸더니 몇 년 만에 어름사니가 될 수 있었다.

줄을 타면 몸도 마음도 가벼워졌다. 산다는 것은 매 순간이 줄 타는 것과 같았다. 균형을 잡고 있다가도 앞으로 나가기 위해서는 균형을 깨야 했다. 균형을 깨지 않으면 움직일 수 없었고, 균형을 깨면 위태로웠다. 그렇게 난관을 딛고 사는 것이 삶이었다.

위태로운 줄 위에 서면 인생의 위태로움을 잊을 수 있었다. 몸을 부리고 땀을 흘리면 먹고살 수가 있었다. 배가 부르고 걱정이 없으면 아무것도 바랄 것이 없었다. 부러울 것도 없었다.

양반이나 권세 같은 건 영원한 게 아니다. 아무리 잘났다고 으스대 보아야 하루아침이면 사라질 수 있다는 걸 분명히 보았다. 그렇게 바람에 흔들릴 바에야 바람 덜한 숲속의 나무로 조용히 살다가 사라지면 될 일이었다. 목숨도 지위도 해 뜨면 사라질 이슬 같은 반짝임이었다. 어제까지의 왕족이 하루아침에 시체가 되고, 어제까지의 양반이 오늘은 노비가 되는 세상이었다. 창호지 한 장을 사이에 두고, 삶과 죽음이 맞붙어 있고, 양반이든 노비든 손바닥 위에 얹어진 신분이었다. 손바닥으로 떠받들어야 할 하늘같이 높은 사람이었다가도, 손바닥을 뒤집으면 땅으로 떨어졌다. 그 손바닥은 한 사람의 노력으로 뒤집을 수 있는 것이 아니었다.

그런데 끼동을 생각하면 마음이 어지러웠다. 자기는 한 생을 거의 살았지만 끼동은 앞날이 창창하지 않은가. 그저 이렇게 무지렁이로 두는 것이 옳을지 알 수 없었다. 한세상을 쥐락펴락할 수는 없더라도, 사람대접은 받고 살게 해야 할 것인데 방법이 없었다.

'나야 태생이 머슴이지만, 끼동은 엄연한 양반의 자식이 아닌가?'

끼동에게 말을 하지 않았던 것은 혼란을 주기 싫어서였다.

세 살 때의 일이라 끼동에게는 기억이 남아 있지 않을 것이었다. 더구나 어려서부터 자신을 할아버지로 여기며 살아오지 않았는가. 언젠가는 사실을 말할 기회가 오리라 여겼다. 그래서 호박 동곳을 잃어버리면 안 되었다.

호박 동곳은 끼동의 내력이 적힌 유물이었다. 그것 말고는 끼동의 신분을 말해 줄 수 있는 것이 없었다. 그런데 그 호박 동곳이 양달사의 손에 있다. 이방은 뭣도 모르고 그것을 취하려 했지만 양달사는 무언가를 짐작하는 눈치였다.

밖에서 들려오는 아이들의 목소리는 즐거워 보였다. 폰개의 귀에는 끼동의 목소리가 유독 크게 들려왔다. 끼동이 어디에

있건 온 신경이 끼동을 향해 있었다.

　끼동은 춘동과 함께 있었다. 춘동이 방에서 부채 하나를 가지고 나왔다. 부채는 컸고 활짝 펴진 채였다.
　"이거, 아까 말한 부채활!"
　춘동이 부채를 내밀었다. 다른 부채보다 크기가 크기는 했지만 다르지 않았다.
　"이건 그냥 부채잖아?"
　"받아, 그냥 부채가 아니야. 집사 어른이 특별히 만든 거야."
　끼동이 부채를 받았다. 손에 잡히는 게 다른 부채와는 달랐다. 보이지 않는 부채 뒷면에 활시위가 있었다.
　"이거 처음 보는 건데?"
　"당연하지. 누가 이런 걸 썼다는 말도 들어 보지 못했고 어디서 파는 것도 아니니까."
　"어떻게 쓰는 거야?"
　"이리 줘 봐."
　춘동이 부채활을 받았다. 그리고 가져온 화살을 걸어 부채활의 시위를 당겼다.
　"어디를 맞출까?"
　"저기, 저 통나무 맞춰 봐."

"알았어. 심호흡을 크게 하고, 똥또동똥 똥똥 하면 쏠 거야."

"그건 또 무슨 소리야?"

"잔소리 말고, 똥또동똥 똥똥 해 봐. 조선의 명사수 이봄똥 님이 나서신다!"

"그냥 쏴."

"싫어. 자, 똥또동똥 똥똥 해 봐!"

"알았어. 똥또동똥 똥똥."

끼동은 마지못해 춘동이 시키는 대로 말을 노래처럼 불렀다. 그 순간이었다. 춘동이 쏜 화살이 세워져 있던 통나무의 한가운데에 꽂혔다. 끼동은 저도 모르게 박수를 쳤다.

"형, 잘 쏘는데?"

"잘 쏘다 뿐이냐? 이걸로 꿩도 잡고 토끼도 잡는다."

끼동은 입이 떡 벌어졌다.

"너도 한번 해 봐."

춘동이 끼동에게 부채활을 넘겼다.

그때였다.

"활은 내가 더 잘 쏘는데."

양달사의 둘째 아들 철이었다. 철은 안채에서 나와 쭈뼛거리며 두 사람 곁으로 왔다.

"어휴, 또 저 녀석이네?"

끼동은 눈을 부라렸다. 두 번이나 녀석에게 당한 일을 생각하면 억울했다.

"너랑은 안 놀고 싶은데?"

끼동이 말했다.

"난 놀고 싶은데?"

철이 말했다.

"싫은데?"

"좋은데?"

철은 끼동의 말끝마다 대꾸했다.

"어휴."

"어휴."

"형, 저리 가자."

"형, 가지 말자."

철은 떨어지지 않았다. 끼동은 철이 좋지는 않았지만 알고 싶은 건 있었다.

"저번에 왜 활을 쏘았어?"

"저번엔? 복수!"

"그러면 이번엔 내가 복수하면 되겠네?"

"왜?"

"너의 복수를 받아 줘야 할 거 아니야?"

"아니, 이젠 끝났어. 복수는 한 번 하면 끝나는 거야."

"내가 뭘 어쨌다고 복수를 해?"

끼동은 정말 궁금했다. 줄 타고 있을 때 갑자기 화살을 쏘았고, 대문간에 쓰러져 있을 때도 먹물 화살을 쏜 건 녀석이었다. 복수라는 말을 하려면 자기가 해야 할 것이다. 그런데 난데없이 무엇에 대해 복수를 한다는 말인가?

"야, 그거. 너는 똥만 싼 것인데, 옆에 사람들이 네가 싼 똥을 이 녀석의 얼굴에 발라 버린 거야. 그래서 이 녀석은 화가 났던 것이고."

끼동은 더욱 이해하기가 어려웠다.

'내가 무슨 똥을 쌌으며 그 똥을 누가 이 녀석의 얼굴에 발랐단 말인가.'

춘동의 말에 끼동이 눈을 동그랗게 떴다.

"무슨 소리야?"

그러자 춘동이 자세히 말해 주었다.

철의 기분이 상한 것은 돌아가신 할머니의 비교 때문이었다. 줄 타는 끼동의 모습을 보며 철이 할머니가 한마디 했다.

"저 아이는 참 의젓한 데다가 영특해 보이는구나. 우리 철이는 발뒤꿈치도 못 따라가겠구나."

할머니의 사랑을 독차지하고 있던 철은 할머니의 그 말에 화가 난 것이었다. 그래서 홧김에 화살을 날렸던 것인데 그 일 뒤에 더 큰 벌이 기다리고 있었다. 책을 읽거나 글을 쓰는 데는 관심이 없고 오직 칼과 활만 좋아했던 철에게 엄벌이 내려졌다. 철은 끼동을 다치게 했다는 이유로 소학 책을 열 번이나 베껴 써야 했다.

"이리 줘 봐. 내가 먼저 쏠게."

자세만 이리저리 잡아 보고 있던 끼동에게 철이 손을 내밀었다. 끼동은 철에게 부채활을 넘겨주었다. 순간 화살 하나가 통나무에 꽂혔다.

'하나, 둘, 셋'도 없었다. 철은 아무런 준비도 없이 그냥 쏘았다.

"그래도 그때는 맞출 생각이 없었어. 그냥 놀라지 않고 줄을 탔으면 다치지 않았을 거야."

철이 말했다.

"야, 이제 줄타기 연습하자."

춘동이 가져온 새끼줄을 높이 매달려 했다.

"이렇게 높은 데서 연습하려고?"

"그럼, 그렇게 하는 거 아냐?"

"그냥 바닥에 놓고 해. 새끼줄보다는 저 대나무가 낫겠다."

끼동이 장대 하나를 마당에 놓은 뒤 고정했다.

"여기 이렇게 올라가서 이렇게, 이렇게 걸어가는 거야."

끼동이 부채활을 든 채로 대나무 위에서 줄 타는 시늉을 선보였다.

"우아 멋지다, 나도 할래."

철이 대나무를 딛고 섰다. 철은 비틀거렸다.

양달사 앞에 앉아 있는 폰개의 마음도 균형을 잡지 못하고 있었다. 너무나 무섭고 끔찍한 일을 겪었기에 다시는 그런 일에 말려들 수 없었다. 달사는 여러 가지 이야기를 하였다. 스승인 양팽손과의 일화며, 조광조 선생에 대한 얘기도 하였다. 폰개는 살짝 안심이 되었다. 양달사 댁에도 사화의 불길이 조금은 미친 셈이었으니 끼동의 내력을 말해도 될 것 같았다. 폰개는 돌려받은 호박 동곳을 만지작거렸다.

"이 물건은 제 것이 아닙니다."

폰개가 입을 열었다.

"정미년(정미사화가 일어난 해이다. 정미사화는 1547년 명종 2년에 일어난 사화로, 일명 벽서의 옥(壁書獄), 양재역 벽서 사건이라고도 한다.) 옥사 때 저놈의 애비가 죽었습니다. 호박 동곳 머리에 시우(時雨)라고 적혀 있지 않습니까?"

"아, 그렇군요. 초서(글씨를 써 놓은 모양인 서체의 하나로 가장 흘려 쓴 서체)로 쓰인 이 글자가 시우로군요."

호박 동곳은 폰개가 어린 끼동을 업고 나올 때, 끼동의 아버지가 상투에서 뽑아 준 것이었다. 폰개는 그 집의 머슴이었다. 죄인으로 몰리는 것을 안 끼동의 아버지가 어린것 목숨만 살려 달라면서 폰개에게 부탁을 하였다.
　"그렇다면 호박 동곳은 끼동의 것이군요. 원래 주인인 박시우는 죽고 없으니 마땅히 끼동의 것이군요. 이제야 알 것 같습니다. 참으로 무서운 시절이었습니다."
　달사가 말했다.
　"비밀로 하려 했는데 어르신의 꾐에 넘어가고 말았습니다."

폰개가 말했다.

"꿤이라니요. 저도 비밀이 있습니다. 실은 사람들을 모아 군사 훈련을 시키고 있습니다."

폰개는 깜짝 놀랐다. 사람을 모아 군사 훈련을 시키다가 자칫하면 역모죄로 몰릴 수 있었다. 두 사람은 목소리를 낮추어 한참 동안 이야기를 나누었다.

"끼동을 이 집에 맡겨 놓으시면 어떻겠습니까? 긴히 쓸 데가 있어서 그러합니다."

사랑채에 마주 앉아서 달사가 말했다. 달사의 말투는 늙은 광대를 대하는 말투가 아니었다.

"쓸 데가 있겠습니까?"

"있다마다요. 몸이 날쌘 데다가 눈치까지 빠르고요. 부탁합니다. 꼭 필요해서 그러합니다."

"알겠습니다. 어차피 이번 겨울을 어떻게 버틸까 고심이 많았습니다. 저도 부탁이 있습니다. 이왕 데리고 계시려면 저놈에게 글을 가르쳐 주십시오."

폰개가 달사에게 말했다.

"글을 가르쳐 달라고요?"

"예, 짐작은 하셨겠지만 저놈이 언젠가는 낯을 들고 다닐 날이 와야 하지 않겠습니까? 그렇게 하려면 무과 시험을 치르게 하면 어떨까 싶습니다."

달사는 고개를 끄덕였다. 무과 시험도 아무나 볼 수 있는 것이 아니지만 사화에 휩쓸렸더라도 세월이 흐르면 다시 신분을 되찾을 기회가 오기도 했다.

"그리합시다. 내일이고 언제고 끼동이를 이 집으로 보내시구려."

달사가 말했다.

편지를 전해야 해

춘동과 끼동, 그리고 철은 틈만 나면 붙어 있었다. 그러나 마냥 노는 것만은 아니었다. 춘동은 끼동과 철에게 활 쏘는 것을 가르쳤고 끼동은 줄 타는 법을 알려 주었다. 그리고 철은 문자를 가르치는 선생이었다. 따라서 세 사람은 저마다 스승이자 제자였다.

특히 철은 스승 노릇을 제대로 하였다. 철은 문자를 가르칠 때는 춘동과 끼동이 무릎을 꿇게 했다. 자기도 그렇게 배웠다는 것이다.

"자왈, 유상지여하우불이.(子曰 唯上知與下愚不移.)"

철이 몸을 앞뒤로 흔들어 가며 천천히 논어를 읽었다.

"자왈, 유상지여하우불이."

춘동과 끼동이 동시에 따라 읽었다.

"오직 지극히 지혜로운 사람과 지극히 어리석은 사람만이 변하지 않는다."

알고서 말을 하는지는 알 수 없으나 철은 문장의 뜻까지도 정확하게 풀어 주었다.

"다시 한번, 자왈 유상지여하우불이."

철이 회초리로 책상을 두 번 탁탁 쳤다. 철보다 덩치가 큰 제자 둘은 허리를 곧추세웠다.

"자왈, 유상지여하우불이."

춘동과 끼동이 외웠다.

"무슨 뜻인고?"

철이 물었다.

"그러니까, 지혜로운 사람은……."

끼동이 얼버무렸다.

"딱!"

철이 회초리로 책상을 때렸다.

"정신 차리지 못하겠느냐?"

철이 스승님 흉내를 내며 말했다.

철은 날마다 두 제자와 공부를 하는 것에 재미가 붙었다. 자신이 마치 서당 훈장님이나 된 것 같았다. 뭐라고 나무라도 고개를 끄덕이는 두 제자를 보면 기분이 좋았다. 그래서인지 몰라도 활쏘기도 줄타기도 더 재미있어졌다.

'아버지처럼 반드시 무과에 급제하리라!'

철은 다짐했다.

나이 어린 철이 훈장 역할을 하게 된 것은 양달사가 너무 바빠졌기 때문이었다.

달사는 일이 더 많아졌다. 시묘살이를 하고 있기도 했지만 달사에게 군사 훈련을 받고 있는 사람도 여럿이었다. 무과 시험을 보기 위해 멀리서 배우러 오는 이들도 있었다. 마을 사람들은 물론이고 노비들도 달사에게서 무술을 익혔다. 광대들도 일이 없는 날에는 무술을 배우러 왔다.

'왜구의 침입이 잦아서 스스로 지켜야 한다.'

달사는 그렇게 생각했다.

달사의 일이 많다 보니 글과 글씨를 가르칠 틈이 없었다. 끼동은 공부를 하고 싶었다. 공부는 할아버지 폰개가 당부한 것이기도 했다. 그런데 끼동은 책 한 권도 다 떼기가 어려웠다. 그래서 틈틈이 연과 철에게 물어야 했다. 달사 대신 연이 가르치겠다고 나섰다. 그러나 한 달도 채우지 못했다. 연은 자기 공부만도 바쁘다면서 철에게 그 일을 넘겼다. 그렇게 철이 끼동의 '글 스승'이 된 것이다.

양달사의 집에 온 후로 끼동에게 주어진 일이 하나 있었다. 이곳저곳으로 편지를 전하는 일이었다. 끼동은 그 일을 즐겁게 했다. 밥을 얻어먹으면서 아무런 일을 하지 않는다는 것은 오히려 불편했다.

화순으로, 나주로, 해남, 장흥 등으로 나다녔다. 가까운 데는 하루 만에 다녀왔고, 먼 곳은 그곳에서 하룻밤을 자고 왔다. 편지만 전해 주고 오는 것이라면 나주나 강진 같은 데는 하루 만에도 다녀올 수 있었으나 답장을 받아 와야 하는 경우도 있었다.

답장을 받아 와야 할 때는 그 댁에서 하룻밤을 잤다. 그럴 때면 머슴들과 행랑채에서 지내게 되었는데 덕분에 끼동은 떠도는 소문을 많이 듣게 되었다.

광산의 박산 마을에서 하룻밤을 묵을 때였다. 새끼를 꼬며 둘러앉아 있던 머슴들이 입을 열었다.

"작년에 흑산도에 갔다가 관군들이 모조리 몰살을 당했다네. 40척이나 되는 배를 몰고 나갔는데 대장이란 놈이 꽁무니만 빼다가 겨우 살아 나왔다는 거야."

주먹코가 말했다.

"김경석 장군이 흑산도에서 왜놈 목을 두 개나 따 진급했다던데?"

흰 수염이 말했다.

"우리 병사 백을 잃고도 왜놈 목 두 개만 따면 진급한다네."

주먹코였다.

"그것도 제 놈이 한 것인지, 아랫것들 공을 가로챈 것인지 알 수가 없지."

주먹코였다.

"남치근이란 놈은 더한다네."

뭉툭한 손바닥에 침을 퉤 뱉으며 송충이 눈썹이 말했다.

"왜구들 잡으라고 했더니 왜구는 안 잡고 백성들만 닦달한다는 거여. 그러다 보니 멀쩡한 사람들이 가왜(가짜 왜구. 조선인들이 가짜 왜구가 되어 약탈을 자행하는 일들이 벌어졌다.)로 나선다는구먼."

호랑이 눈썹을 한 이가 말했다.

"이래도 죽고 저래도 죽는 수밖에 없다면 무슨 짓을 해서라도 배만 부르면 된다고 생각하지 않겠는가?"

흰 수염이 말했다.

끼동의 생각은 깊어졌다. 왜구들은 흑산도까지 들어와 노략질을 하고 있고, 관군은 조그만 공적을 내세워 출세에만 매달린다. 더구나 적은 물리치지 못하고 죄 없는 백성들만 괴롭혀서 조선 사람들이 왜구인 척 나서는 경우도 있다. 이렇게 생각의 무늬가 짜지고 있었다.

거기다가 얼마 전 능주의 이참봉 댁에서 들은 말은 더 놀라운 것이었다. 사랑에 든 손님이 말했다.

"왜구들이 왜놈들만은 아닌 모양입니다. 그놈들이 명나라에다 본부를 정하고 왜나라, 유구(유구국을 말함. 류큐 왕국. 현 오키나와의 류큐 섬을 중심으로 있었던 왕국. 1870년 일본 제국에 병합되었다.), 불랑기이(포루투칼)까지 나다닌다는 겁니다. 여기서 산 물건을 저기다 팔고, 저기서 산 물건을 여기에 팔아 이득을 남긴 모양입니다. 불보살이란 놈이 왕을 자칭했는데 그놈도 실은 명나라 놈이랍니다. 돈이 많아서 사람을 사고, 군사도 기르고, 조선까지 왔다 갔다 하려는 판인데 나라에서 길목을 딱 막아 버리니, 저놈들은 어떻게 해서라도 제주도와 전라도를 차지하려 한다는 겁니다. 왜나라와 명나라를 왔다 갔다 하려면 전라도와 제주도가 탁탁 걸리지 않겠습니까?"

그 말을 들으며 끼동은 눈이 동그래졌다.

'왜구들은 먹고살기 힘들어서 바닷가 마을 몇 개만 약탈하러 온 게 아닐 수도 있겠구나.'

끼동이 아직 모르는 넓은 세계에서는 놀랍고 무서운 일들이 벌어지고 있을지도 몰랐다.

'유구는 어디며, 또 불랑기이는 어디란 말인가?'

이 나라 말고는 명이나 왜나라만 있는 줄 알았더니 다른 세상이 또 있는 모양이었다. 불랑기이, 참 낯선 이름이었다.

"혹시 책에 불랑기이라는 나라도 나와?"

끼동이 철에게 물었다. 아마 책 속에는 그런 나라가 나올지도 몰랐다.

"그런 나라가 어딨어? 하나라 은나라는 알아도 그런 나라는 몰라."

철이 대답했다.

"형도 몰라?"

끼동은 춘동에게도 물었다. 연에게도 물었다. 양달사에게도 물었다. 아무도 몰랐다.

끼동은 자주 왜구들에 대해 생각했다. 그들이 오간다는 명나라와 유구, 불랑기이는 어떤 나라일까. 수시로 쳐들어오는 왜구의 세력은 생각보다 클 수도 있을 것이다.
이런 생각을 하다가 시위를 놓쳤다. 끼동이 쏜 화살은 감나무를 향해 날아갔다.
"무슨 생각을 하는데 시위를 다 놓치고 그래?"
춘동이 말했다.
"산에 불났나 봐!"
갑자기 철이 소리를 질렀다.
월출산 산성대에 연기가 올랐다. 봉홧불이었다. 끼동은 아이들과 함께 산성대가 잘 보이는 언덕으로 갔다. 어느새 마을 사람들이 모여들고 있었다.
달사도 왔다. 달수, 달해, 달초 등 양달사 형제들이 모두 나왔다. 겨우내 달사 밑에서 훈련하고 있던 이들도 다 나왔다. 모두 근심스러운 눈빛으로 봉수대에서 오른 연기를 헤아리고 있었다. 봉홧불은 한 번 오르는 걸로 그치지 않았다.
"아이고, 연기가 또 오르네. 큰일이 났는가 보네. 아이고,

무서워라. 이 일을 어찌할까?"

먹골댁의 얼굴이 어두워졌다. 봉화대 연기는 일종의 신호였고 말(언어)이었다. 연기를 몇 번 피워 올리느냐와 연기 피우는 시간 간격에 따라 전하는 내용이 달랐다.

무관으로 살아온 달사는 봉수대에서 피어오르는 연기의 뜻을 읽었다. 아주 가까이 많은 수의 적군이 나타났다는 신호였다. 왜구가 나타난 모양이었다. 다른 것이 있다면 이번에는 대군이라는 점이었다.

'감당할 수 없다. 도와달라!'

봉수대의 연기는 간절하게 울부짖고 있었다.

"어서 집으로 가자!"

달사가 말했다.

달사에게서 무술을 배우는 사람들을 비롯하여 끼동과 춘동 등 아이들도 달사의 말을 따랐다.

달사는 짧은 편지 한 통을 써서 끼동에게 주었다. 가리포에 사는 첨사 이세진에게 보내는 편지였다. 달사가 가리포진에 있을 때 적을 막을 방법을 궁리해 놓은 게 있었다. 가리포진은 서해로 오르는 뱃길의 목이었다. 성은 견고했고 식수도 충분한 곳이 가리포진이었다. 그곳이 잘 지켜만 준다면 왜구들은 함부로 움직이지 못할 것이었다. 달사의 편지를 받은 끼동은 바로 출발했다.

출정식에 참여하라

양달사가 의병 모집 격문(여러 사람에게 알리어 부추기는 글)을 돌리고 있는 사이에 영암성에서 전갈이 왔다. 군수의 출정식이 있으니 참여하라는 것이었다. 왜구들의 총구가 어디로 향할지는 알 수 없었다. 맨 처음 왜구 침입을 알려 온 곳은 가리포진(현재의 완도읍에 있던 수군 부대가 배치되어 있던 곳. 종6품의 첨사가 있었음.)이었다. 소문은 발보다 빨랐다.

"이보게, 아우. 별일 없겠는가?"

이른 아침부터 달수가 찾아왔다. 달사는 형님을 안으로 모셨다. 달수는 달사의 의병 모집에 걱정이 많았다.

"자칫하면 역모로 몰릴 수도 있는 일이네. 더구나 우리는 상중이 아닌가?"

달수가 말했다.

'시묘살이를 끝내기 전에는 벼슬은 고사하고 외출마저도 함부로 하지 않는다.'는 것이 유학의 예법이었다.

"지금의 상황은 예법을 따질 때가 아닙니다. 왜구의 배가 몇 척인지는 알 수 없지만, 밀려드는 피난민들을 보면 나라가 위태로울 수도 있습니다. 나라가 망한 뒤에 부모의 묘를 지킬 수는 없을 것입니다."

달사가 말했다.

"그도 그렇지만 향교에서는 말이 많네. 무관이라 그런지 지나치다고 말일세. 의병이라는 것도 그러하네. 임금의 군대가 아직 위엄이 있는데, 설불리 사람들을 모아 군사 훈련을 하는 것은 다른 의도가 있는 게 아니냐고 말일세."

달수가 말했다.

"누가 그런 소리를 한단 말입니까?"

"황 전교(향교의 책임자)도 그렇고, 구림 쪽 사람들이 염려가 많은 모양이네."

달사는 잠시 입을 다물었다.

"그렇게 한가한 소리나 하고 있을 때가 아닙니다. 가리포나 달량포에서 적을 막아 낸다면 문제가 없겠지만, 무너진다면 앞니가 빠진 꼴이 될 것입니다. 그렇게 되면 강진, 장흥도

온전치 못할 것이고, 이내 영암성이 적의 아가리 앞에 놓이게 될 것입니다. 그때 가서도 무엇이 충이며, 무엇이 효인지를 따질 것입니까. 그때는 늦습니다. 나라가 있어야 충이 있을 것이고, 목숨이 붙어 있어야 효를 다할 수 있을 것입니다."

달사가 단호하게 말했다. 그때였다.

"형님들 안에 계십니까?"

달해의 목소리였다. 이내 달해와 달초가 안으로 들어왔다. 역시 의병에 대한 얘기였다. 의견은 엇갈렸지만 나라를 지켜야 한다는 것에는 다른 말이 없었다.

"그렇다면 우리끼리 이럴 게 아니라 주변 사람의 지혜를 구해 보세. 양응정에게 편지를 띄워 보는 것은 어떻겠는가?"

달수가 말했다.

양응정은 전라도사로 있는 친척으로 사마시(생원과 진사를 뽑던 과거 시험)에 장원 급제를 하였다. 성리학에 밝다고 소문이 나서 양응정의 의견이라면 향교의 유학자들도 고개를 끄덕일 터였다.

"그리하시지요."

달사도 반대할 이유가 없었다. 편지는 달수가 쓰기로 하였다. 달사는 의병들 훈련이 더 급했다.

"이덕견 군수가 출정식을 한다는 소식 들으셨지요?"

달초가 말했다.

"가 보기는 해야 할 것이야."

달수가 말했다.

"가뜩이나 의병 모으는 것을 두고 말들이 많으니 이참에 가서 얼굴을 비춰야 의심을 사지 않을 것입니다."

달해가 말했다.

소식은 시시각각 달랐다. 왜선이 가리포 근처에 있다는 말이 어제저녁에 들렸는데 아침에는 달량포에 왜구가 결집하고 있다는 소식이 들려왔다.

"코앞이 전쟁터인데 출정식을 한다는 게 말이나 됩니까?"

달초가 말했다.

"그런 소리 마시게. 자칫 말이 새 나가면 엉뚱한 불똥이 튈 것이야."

달수가 말했다.

영암 군수 이덕견의 출정식은 성대하게 치러지고 있었다.

"위엄을 갖추어라!"

이덕견이 말을 타고 앞장서 가고 바로 뒤에서 부장이 큰 소리를 질렀다. 이덕견의 말 아래로 백성들이 엎드려 만세를 부르고 있었다.

"주제를 모르는 놈들, 우리 군대가 위엄을 보이면 스스로 물러날 것입니다."

이덕견 옆에서 나란히 걸으며 이방이 말했다.

"그러하겠지요. 동네 칼싸움이나 하던 놈들이니 무예를 익힌 정예병과는 비교도 안 될 겁니다. 크흠."

이덕견은 목을 뻣뻣이 한 채 위엄을 세우려 하고 있었다. 달사가 형제들과 함께 와 말에서 내렸다. 형제들이 이덕견 군수 앞에 섰다. 형제들은 고개를 숙여 인사했다.

"양달사 아니시오? 가리포 첨사도 지내셨지요? 해남 현감도 지내셨고요? 가리포와 해남에 계실 때 왜구들 단속을 잘했더라면 오늘 이 지경은 없었을 것인데, 그렇지 않소?"

이덕견이 달사를 비꼬았다.

"그렇습니다, 군수 영감. 제가 모친상만 당하지 않았다면 이런 참담함이 없었을 것인데 일이 어렵게 되었습니다."

달사는 담담하게 이 군수의 말을 받았다.

이 군수가 무어라 하건 중요한 것은 왜구가 인근까지 왔다는 것이고, 누구라도 나서서 왜구를 막는다면 박수를 쳐 줘야 할 터였다.

이내 광대패가 앞길을 열었다. 날라리를 불고 땅쇠가 땅재주를 부리며 길을 텄다. 폰개는 광대들이 실수를 하지 않을지 조심스러운 눈길로 살피고 있었다. 관에서 광대패를 부르는 것은 흔한 일이었다. 성내에는 악사나 놀이패가 따로 없어서 흥을 돋울 일이 있으면 광대패에 연락이 왔다. 그럴 때마다 광대들은 벼슬아치들의 부름에 응했다.

"벌써 전쟁에서 이기고 돌아온 모양새군!"

석길이 말했다.

"이기고 와야 할 것인데……."

폰개는 먼 길을 떠난 끼동이 걱정되어 잠을 이루지 못했다.

봉홧불이 급하게 오르는 걸로 보아 남쪽 해안가에는 큰일이 터진 것이 틀림없었다.

'편지는 무사히 전했을까? 행여 왜놈들에게 잡히지는 않았을까? 혹시 포악한 놈들의 손아귀에…….'

나쁜 생각이 들었지만 그 생각마저 하지 않으려 고개를 저었다. 입 밖에 꺼내서도 안 되고, 생각마저 해서는 안 될 일이었다.

'혹시…….'

폰개는 다시 고개를 저었다.

끼동은 달량포에 도착했다. 영암에서 출발한 지 이틀 만이었다. 이제 달량포에서 배를 타고 가리포로 가야 했다.

그런데 이미 달량포는 왜구의 손에 쑥대밭으로 변해 있었다. 마을에서도 사람들을 찾아보기 힘들었다. 포구의 소란스러움은 왜구의 칼날에 잘렸다. 사람들은 서둘러 북으로 향했다. 마을들은 비었고 대부분의 집은 불타 버렸다.

시체에는 구더기가 슬었다. 구더기들은 비온 뒤 버섯 송이처럼 오글거렸다. 썩은 냄새가 진동을 했다. 파리 떼는 통통하게 살이 쪄 있었다. 어떤 집에는 시체 세 구가 겹쳐 있기도 했다. 어미의 시체가 맨 아래 누워 있고, 그 위에 아이의 시체가 얹혀 있고, 그것을 아비의 시체가 덮고 있었다.

"우웩!"

끼동은 구역질이 나왔다. 혼미해지는 정신을 다잡으려 애썼다.

'어떻게 해야 하나? 이 와중에도 편지를 전하러 바다를 건너야 할까?'

끼동은 생각을 정리했다. 이미 왜구에게 짓밟힌 땅에서는 어떤 희망도 찾을 수 없을 것 같았다. 충이라든가 효라는 말도 아무 소용이 없는 것 같았다. 예법이나 도리 같은 말도 살아 있는 게 아니었다.

끼동은 달사의 편지를 남자 시체의 주머니 속에 넣었다. 편지를 지니고 있으면 안 될 것 같았다. 가리포에 갈 방법을 찾을 때까지라도 숨겨 두어야 했다. 편지를 가지고 갈 수 있을지 장담할 수 없었다. 더구나 잘못되어 왜구들에게 잡히기라도 한다면 문제가 될 터였다.

포구에는 몇 척의 배가 남아 있었다. 군선이 아니고 어부들의 배였다. 끼동은 몸을 숨기며 천천히 앞으로 나아갔다. 포구에서 멀리 떨어진 곳에는 왜선들이 진을 치고 있었다. 몇 백 척은 되어 보였다. 보초 몇 명이 서 있는 게 보였다. 마을 사람도 왜구도 거의 보이지 않는 포구는 가시만 남은 생선 같았다.

"어디 가시려고 그러오?"

아주 낮은 목소리였다. 소름이 돋았다. 아무도 없을 것이라고 여겼는데 사람 소리가 나자 등줄기가 서늘해졌다.

한 노인이 부서진 사립문에 기대어 쪼그려 앉아 있었다. 노인은 기운이 하나도 없어 보였다. 며칠 굶은 듯했다.

"가리포진에 가려고요."

끼동이 말했다.

"거기엔 뭐 하러 가려는 게요. 갈 방법이 없소."

눈을 감은 채 노인이 말했다.

"어떻게 되었나요?"

"모가지가 잘렸는데 떨어져 나간 오리 대가리가 살아남겠소?"

끼동이 눈을 끔벅거렸다.

"왜놈들 기세를 보니 거기도 남아나지 않을 것이오."

노인이 말했다.

'그렇다면 이제는 영암으로 돌아가야 하나?'

끼동은 스스로에게 물었다.

"거기가 집이오?"

"아닙니다."

노인의 표정은 쇠처럼 굳어 가고 있었다.

끼동은 굴러다니는 장독 뚜껑에 우물물을 떠왔다. 노인이 달게 물을 마셨다. 비로소 노인의 눈동자에 힘이 실렸다. 노인은 끼동의 얼굴을 빤히 쳐다보았다. 끼동은 노인의 몸을 살폈다. 노인의 몸은 상처투성이였다. 허벅지는 아예 옷고름으로 싸고 있었다. 허벅지에 칼을 맞은 뒤 옷고름을 잘라 묶은 것 같았다. 노인이 몸을 곧추세우려 했다.

"얼른 손을 써야 할 것 같은데요?"

"가망 없네. 의원도 도망갔고 가족은 다 죽었어."

끼동은 어찌해야 할지 난감했다. 노인을 구해야 할 것인데 자신의 손으로 할 수 있는 게 없었다. 상처 치료에 쓸 약도 없었고, 왜구의 눈을 피하는 것도 쉽지 않을 것 같았다. 그렇다고 노인을 그냥 두고 떠날 수도 없었다.

"자네 갈 길이나 가게. 물을 갖다 줘서 고맙네."

노인은 눈을 감았다. 죽은 것은 아니지만 모든 것을 체념한 표정이었다.

그때였다.

"오마에와 다레나노까?(넌 누구냐?)"

끼동은 소리 나는 쪽으로 고개를 돌렸다. 왜구 세 명이 앞에 서 있었다. 노인이 슬며시 눈을 떴다. 왜구들은 칼을 빼 들고 있지는 않았다. 끼동이 무장을 하고 있지 않아서인 것 같았다.

'어디로 도망쳐야 할까?'

끼동의 눈은 바쁘게 움직였다.

'담을 넘을까?'

담 너머는 다른 집이었다. 그래도 이대로 잡힐 수는 없었다. 끼동은 담을 넘었다.

"우고꾸나!(꼼짝 마!)"

그런데 담 너머에도 왜구가 있었다.

눈이 째진 왜구가 끼동의 턱밑으로 칼을 댔다. 옆의 왜구가 말렸다.

"소오, 코로세루 히쯔요오와 나이 다로오.(그래, 죽일 필요는 없지.)"

째진 눈이 칼을 거뒀다.

"죽이지는 않겠대."

왜구 중의 한 명이 조선말로 말했다.

옷차림이나 머리 모양은 왜구와 똑같은데 조선말을 썼다. 귀 모양이 특이했다. 당나귀 귀였다. 끼동보다 두어 살 위로 보였다.

"그냥 편하게 생각해. 너는 잡혔어. 죽거나 살거나 네 마음대로 되지 않아."

당나귀 귀가 말했다.

"코이쯔와 다레까. 도꼬까라 키따 야쯔나노까?(이놈은 누구냐? 어디에서 온 놈이냐?)"

등에 일본도를 맨 자가 말했다. 주변 사람이 굽실거리는 것으로 보아 지체가 높은 것 같았다.

"너 어디에서 왔어?"

당나귀 귀가 물었다.

"영암."

끼동이 대답했다.

"영암와 난니찌까 아또데 이꾸요.(영암은 며칠 있다가 갈 거야.)"

째진 눈이 말했다.

"며칠 뒤에 영암에 간대."

당나귀 귀가 조선말로 바꿔 주었다.

며칠 뒤에 영암에 간다는 말이 어이가 없었다.

'저들은 날짜를 정해 놓고 영암에 갈 수 있다고 보는구나!'

끼동은 무서웠다. 조선의 군사가 어떻게 나올지는 아예 저들의 계산에는 없는 것 같았다.

'저들에게 조선군은 없는 것이구나.'

그런 생각이 들었다. 그렇지 않고서야 어떻게 감히 며칠 뒤에 영암에 간다는 말을 할 수 있단 말인가.

왜구들은 간단하게 끼동의 몸을 뒤졌다.

"여긴 왜 왔어?"

당나귀 귀가 물었다.

"저기가 고모 댁이야."

끼동은 시체가 쌓여 있던 집을 가리켰다.

당나귀 귀가 알 것 같다는 표정을 하며 고개를 끄덕였다.

"조심해야 해. 근처에 왜구가 싹 깔렸어. 허튼짓하면 바로 죽어!"

당나귀 귀가 손으로 목을 베는 시늉을 했다.

왜구들은 끼동을 끌고 달량포진 성내로 들어갔다. 대부분의 집은 부서지고 불타고 있었다. 사람들이 비탈 아래 한쪽에 마련된 구덩이에 시체를 나르고 있었다. 구덩이로 던져지는 시체는 모두 조선인이었다. 시체를 나르는 사람도 조선인이었다. 관군 복장을 한 이들도 몇 사람 있었고 대부분은 일반 백성들이었다. 왜구들이 칼을 들고 감시하고 있었다.

왜구의 시체는 한 구씩 따로 놓여 있었다. 시체 앞에서는 향이 타고 있었다. 스님 복장을 한 왜구 하나가 왜구들의 시체 앞에서 독경을 했다.

끼동이 끌려간 곳은 막사였다. 아까 만난 왜구들의 막사인 듯했다. 째진 눈이 밖으로 나갔다.

"노 저을 줄 알아?"

당나귀 귀가 물었다.

"아니?"

"그럼 밥은 할 줄 알아?"

"할 줄은 아는데…….'"

끼동은 자신 없는 목소리로 말했다.

"그럼 잘하는 게 뭐야?"

당나귀 귀가 물었다.

끼동은 바로 대답하지 않았다. 잘하는 것이야 줄타기이지만 그것을 말해서 좋을지 나쁠지를 알 수 없었다. 끼동은 입을 다물었다.

"너무 겁먹지 마. 이 사람들 그렇게 나쁘지 않아. 그리고 먹을 것도 많아."

당나귀 귀가 말했다.

밥 짓는 냄새가 났다. 밥 냄새를 맡자 배 속이 요동쳤다. 꾸르륵 소리가 너무 커서 끼동은 얼굴이 화끈거렸다. 사람들이 저렇게 많이 죽었는데 배가 고프다는 게 부끄러웠다.

"아이쯔와 미찌안나이니 츠까운닷떼.(저 녀석은 길잡이로 쓰시겠대.)"

째진 눈이 막사로 들어와 끼동을 가리키며 말했다.

"너는 살았다. 너를 데리고 영암으로 가기로 하셨나 봐."

당나귀 귀가 무표정하게 말했다.

저녁이 되자 왜구들은 놀이판을 벌였다. 노래를 부르는 사람, 춤을 추는 사람, 또 말타기 재주를 부리는 사람이 공연을 펼쳤다. 언제 전쟁을 했냐는 듯 왜구들은 즐거워했다. 줄타기 공연도 있었다. 그런데 끼동의 눈에 줄 타는 게 서툴러 보였다. 무기를 내려놓고 공연을 보는 왜구들은 조선 사람들과 다를 것이 없었다. 즐거우면 웃고 슬프면 우는 사람들이었다.

"어떤 사람들이 공연을 하는 거야?"

"그냥 노래 잘하는 사람은 노래를 부르고 춤 잘 추는 사람은 춤을 추는 거지. 여기 대장님이 놀이판을 좋아하셔!"

당나귀 귀가 말했다.

"나도 줄타기 할 줄 아는데."

끼동이 말했다.

"그래? 어느 정도 타는데? 한번 타 볼래? 내가 얘기해 볼게. 잘해야 해. 대장님 눈에 들면 특급 대우를 해 줘. 병사들을 즐겁게 해 주면 돼. 저 사람들은 엄청 편해. 남들은 전쟁할 때 마음대로 놀아도 되니 얼마나 좋아."

당나귀 귀가 말했다.

"나 엄청 잘 타!"

끼동이 말했다.

"정말이야?"

당나귀 귀가 다시 확인하듯이 물었다.
"응, 아주 잘 타."
끼동의 말을 들은 당나귀 귀가 대장이 있는 곳으로 갔다. 이윽고 멀리에서 끼동을 불렀다. 끼동은 가슴이 쿵쾅거렸다.
왜구들 앞에서 줄을 타겠다고 한 것이 잘한 것일까. 행여 돋보여 곤란을 겪지는 않을까 걱정도 되었다. 그러나 길잡이나 하면서 박혀 있어서는 안 될 것 같았다. 감시가 느슨해져야 하는데 길잡이가 된다면 항상 감시의 눈이 따라다닐지도 몰랐다.
마침내 끼동이 줄 위에 올랐다. 만 개의 눈동자가 일제히 끼

동에게 향했다. 장단은 달랐지만 몇 개의 악기가 연주되었다. 박자에 맞추어 끼동이 줄타기를 시작했다. 앞으로 가다가 떨어질 듯 몸을 날릴 때는 '어이쿠!' 소리가 절로 나왔다가, 끼동이 발목으로 줄을 걸어 튕겨 올랐을 때 우레와 같은 박수가 쏟아졌다.

공연이 끝나자 노란 갑옷을 입은 대장이 불렀다. 그리고 부하에게 무어라고 지시했다. 끼동은 무언가 잘못되지는 않을지 가슴이 조마조마했다. 잠시 후에 왜구의 옷 한 벌이 주어졌다. 새 옷이었다. 줄타기를 잘해서 주는 상이라 했다.

막사로 돌아와서도 일이 끝나지 않았다. 대장님 지시라면서 끼동의 머리를 깎고 다듬었다. 끼동의 머리를 왜구와 똑같이 만들어 버린 것이다. 왜구 머리 모양에 왜구의 옷을 입자 끼동은 왜구가 되어 버린 것 같았다.

양달사의 하늘

봉화 연기가 더는 오르지 않았다. 봉화가 오르지 않는다는 것은 아무런 변고가 없거나 봉수대가 점령당했다는 의미였다. 피난민은 갈수록 늘어났다. 왜구들은 이르는 마을마다 사람의 씨를 말린다고 하였다. 사람을 죽이고, 재물을 빼앗고, 사람들도 잡아가서 종으로 부린다고 하였다.

그런데 놀라운 것은 일부러 왜구의 배를 찾아가는 이들도 있다는 것이었다. 왜구라고는 하여도 모두 왜나라 사람들은 아니었다. 거기에는 명나라 사람들도 있었고 조선 사람도 있었다.

양달사는 걱정이 많았다. 끼동에게서 며칠째 소식이 없었다.

'끼동에게 괜한 일을 시켰나?'

걱정이 태산이었다. 왜구가 이미 달량포진을 점령했다는 소식을 들었다. 구원을 나간 병사들은 대부분 죽고 일부는 항복했다고 했다. 누가 죽었는지 누가 항복했는지는 알기 어려웠다. 소문은 꼬리가 길고 연기처럼 형체가 분명하지 않았다.

달사는 의병을 모으고, 훈련시키고, 자주 영암성을 드나들었다. 오늘은 작전 회의가 있다고 했다. 전주부윤 이윤경이 관군들만이 아니라 의병 대장들까지 부른 회의였다. 영암성이 무너지면 그다음은 나주, 전주인지라 전주부윤 이윤경이 영암성에 머물고 있었다. 그나마 바깥 소식을 알 수 있는 곳은 영암성이었다.

방물장수 방 씨는 귀가 많았다. 여기저기 연결된 사람이 많아서인지 방 씨의 말은 믿을 만했다.

"달량성에서는 거의 다 죽었대요. 군인이 아닌 사람들은 죄다 잡혀가 종이 되었답니다. 우수사 김빈은 도망가고, 장흥 부사 한온도 죽었답니다. 영암 군수 이덕견이는 죽었다고도 하고 항복해서 빌붙어 살고 있다고도 하고 말이 많은데, 뭐가 진실인지는 모르겠습니다."

방 씨의 말이었다.

"그렇게까지 당했단 말인가?"

"말이 전쟁이지, 성 위에 서서 갓 쓰고 수염 만지며 '네 이놈들! 군자의 예가 아니로다. 어서 썩 물러가지 못할까?' 그렇게 호통을 쳤다는데 그게 통할 말입니까? 그러다 안 되니 쫓기는 돼지 새끼처럼 구석으로 몰리다가 항복! 그랬다고 하네요. 그러니까 왜놈들이 목을 슥 따 버렸다는 것입니다. 항복, 항복, 하는데 그것이 행복인지 항복인지 왜놈들이 어떻게 알겠습니까? 말이 안 통하는데……. 웃어야 할지 울어야 할지 그저 헛웃음만 나옵니다. 이덕견이도 가자마자 두 손 들었답니다. 군수까지 한 놈이 글쎄, 왜놈 병사의 다리 밑을 기면서 똥구멍까지 핥는 시늉을 했다고 하네요. 조선 사람들한테는 그렇게 위엄 있는 척하더니 왜놈들 칼 앞에서는 쥐새끼가 된 것이지요. 허, 참."

방 씨가 이덕견을 비롯한 몇 사람을 비꼬았다. 달사는 조금 불편했다. 양반의 껍질이 다 벗겨진 것 같았다.

한편 피난민이 늘어나면서 영암성 일대는 아수라장이 되었다. 피난민들은 북으로 동으로 향해 갔지만 목적지가 없었다. 남쪽에서 왜구가 오면 북으로 가고 북에서 왜구가 오면 남으로 갔다. 왜구들은 남과 북을 가리지 않았다. 육지와 바다의 분별도 없었다. 느닷없이 나타나 허를 찔렀다. 그때마다 백성들은 도망을 쳤다. 왼쪽에 왜구가 나타나면 오른쪽으로 갔고,

오른쪽에 왜구가 나타나면 왼쪽으로 갔다.

왜구는 북에서도 내려왔고 남에서도 올라왔다. 남의 왜구를 피해 북으로 가고 북의 왜구를 피해 남으로 갔다. 그것이 백성들의 삶이었다. 거처가 없었다. 백성이 거처를 정하면 왜구가 쳐들어왔다.

왜구는 밖에만 있는 것이 아니었다. 왜구보다 무서운 건 조정이었고, 관이었고, 양반이었다. 수염을 기르고 의관을 갖춘 왜구가 더 무서웠다. 그들은 백성들의 생활을 속속들이 알고 뜯어 갔다.

달사는 백성들을 살게 하고 싶었다. 그들의 입에 밥을 넣고 싶었다. 그들 스스로 자기 입에 밥을 넣게 하고 싶었다. 그래서 왜구고 오랑캐고 쳐들어오면 막아야 했다.

달사에겐 머나먼 명분이 있는 것이 아니라 오직 백성이 있었다. 백성들이 살아야 했고 백성들이 먹어야 했다. 백성들이 밥 먹고, 잠자고, 일하다 놀고, 그러다 하늘 한 번 보는 삶을 살게 하고 싶었다. 자기 또한 그런 삶을 살고 싶었다. 끼동에게도 춘동에게도 그런 삶을 살게 하고 싶었다. 연에게도 철에게도 그것이 행복이라 말하고 싶었다.

달사가 마당을 서성거리는데 대문이 열렸다.

"편지가 왔네."

달수였다. 달수는 양응정의 편지를 줄줄 읽었다. 달사는 고개만 끄덕였다. 편지는 간단한 안부를 물은 뒤 바로 다음 내용으로 이어졌다.

오랫동안 평화롭게 살던 백성들이라 적이 쳐들어오면 어찌할 줄 모르는 것은 당연합니다. 조정에서 장수를 파견하여도 시일이 오래 걸릴 것이며, 또한 왜구의 만행을 막아 내기가 쉽지 않을 것입니다. 충과 효가 일치하니 비록 상을 당하였지만, 죽음을 각오하고 조금도 지체하지 말고 바로 의병을 일으키시는 게 마땅합니다.

'충과 효가 일치하니 조금도 지체하지 말고…….'
달사는 달수가 읽어 주는 편지 내용을 되뇌었다. 그러나 아무리 왜구가 쳐들어온다고는 하지만 의병을 일으키는 것은 쉬운 일이 아니었다. 의병을 일으키려면 먼저 명분을 따지는 자들의 입을 막아야 했다. 또한 앞장서 공을 세우려 해서도 안 되었다. 관리들은 자신들의 공을 빼앗기지 않으려 애를 썼다. 없는 공도 만들어서 장계를 올리는 경우가 허다했다.
의병을 일으킨다고 사람들이 몰려든다는 보장도 없었다. 무엇보다 의병을 일으키려면 막대한 자금이 필요했다. 의병들에게 무기도 줘야 하고, 의병들이 먹을 밥과 의병들의 잠자리까지 참으로 많은 일을 감당해야 하는 게 의병을 일으키는 일이었다. 백 명이 넘어가면 백 명의 밥을 지어야 했고, 천 명이 넘어가면 천 명의 밥을 지어야 했다. 천 명의 밥을 지으려면 최소한 백 명의 사람이 더 필요했다. 그 많은 사람들을 구해야 했다.

"이제 되었네. 양응정의 말이니 향교에서도 다들 나서 줄 것이네."

달수가 말했다.

그러나 달사는 더욱 걱정이 되었다. 의병을 모으는 격문을 띄워야 할 것이고 의병이 모일 장소도 필요했다. 더구나 일정한 훈련도 해야 했다.

"형님은 양응정의 편지를 들고 향교로 가서 사람들을 설득하시오. 지금 바로 격문을 띄워야겠습니다."

'문장 속의 이치와 문장 속의 명분은 백성의 목숨을 구하지 못한다.'

문제는 실천이었다. 어떻게 할 것인가. 조선 백성을 죽이고 있는 왜놈들의 만행을 막아야만 했다.

'명분은 하늘에 뜬 구름이고, 실천은 논밭에 들어가는 거름이다.'

달사는 그렇게 생각했다.

달사는 먼 하늘을 보았다. 구름은 쉴 새 없이 모양을 바꾸었다. 먹구름이 되었다가 새털구름이 되었다. 저 구름들은 한 무리가 아니었을 것이지만 변하고 있었다. 먹구름은 비를 내렸고 새털구름은 흘러갔다. 구름을 보면서 가리포로 떠난 끼동을 생각했다.

'끼동은 어떻게 되었을까?'

섬뜩한 생각이 일었다.

'죽었을까?'

달사는 고개를 저었다.

달사는 의병을 모집하고 만날 수 있는 사람들은 다 만났다. 피난민들은 더 늘어났다. 특히 여자들을 잡아간다는 소문이 나서 왜구의 깃발만 보여도 사람들은 도망쳤다. 도망치지 않으면 죽거나 잡혔다.

달사의 집에도 피난민들이 몰려들었다. 달사의 집만이 아니었다. 마을의 집들은 온통 피난민들로 꽉 찼다. 해남 현감을 했을 때 인연을 맺은 사람들이 있었는데 그들의 입을 통해 달사에 대한 소문이 퍼진 모양이었다. 달사가 아는 이도 있었지만 대개는 처음 보는 사람들이었다.

"그 댁에 가면 굶기지는 않는다는 말이 돌았지요."

강진에서 왔다는 강대봉이 말했다. 강대봉은 광대뼈 아래에 커다란 검은 점이 있었다. 패랭이를 쓰고 있었는데 패랭이에는 목화송이가 매달려 있었다. 칼이나 놋그릇을 팔러 다녔다고 했다. 그가 끌고 온 당나귀는 지쳐 보였다.

"첨사는 진즉에 도망쳐 버렸고, 백성들은 뿔뿔이 산으로 흩어졌지요."

나룻배를 몰고 어란진에서 왔다는 백날치가 말했다. 달사는 그가 혼자 힘으로 나룻배를 몰고 영암까지 왔다는 것이 믿기지 않았다.

"물때만 알면 되지요. 오밤중 밀물에 배를 올려놓으니 아침에 여기까지 저절로 오더라고요."

백날치의 말이었다. 바다에서는 날아다닌다고 해서 백날치로 불린다고 했다. 본래 이름은 백낙치라 했다.

"병영성에서는 우습지도 않았습니다. 병사가 없는 지경이라 왜구들이 몰려온다는 소문이 나자 백성들이 일제히 피난에 나섰습니다. 왜구들은 앞에 놀이패를 앞세우고 날라리를 불면서 병영 일대를 휘젓고 다녔습니다. 골짜기마다 어린아이들, 아녀자들의 울음소리가 들렸고, 소나 개돼지는 모두 왜구 놈들의 잔치판에서 잡아먹혔습니다. 조선 놈들 중에도 왜구 앞잡이가 되어서 설치고 다니는 놈들이 있었습니다요. 말세입니다. 말세."

　장흥에서 온 이방석이 한숨을 쉬며 말했다. 이방석은 힘이 장사였다. 인근의 씨름판을 휘젓고 다녔다. 장흥의 장령성이 무너질 때 도망쳤는데 원래는 군졸이었으나 무과 시험에 응한 자는 아니었다. 이방석은 아내와 가족들의 행방을 모른다고 했다. 싸움이 끝났을 때 집 쪽을 보니 이미 마을이 불타고 있었다. 누가 누구를 찾을 틈이 없었다. 그저 산목숨은 살자고 무작정 산을 넘었다.

　달사는 피난민 중에서도 의병을 모았다. 싸울 수 있는 자들에게는 무기를 주고, 싸울 수 없는 이들도 뒤에서 돕는 일을 맡겼다. 그들은 갈 데가 없는 사람들이었다. 대부분은 왜구들의 만행에 이를 갈고 있었다. 왜구가 점점 숨통을 조여 오고 있었다. 먼저 왜구가 어디쯤 오고 있는지를 알아내야 했다. 왜구는 틀림없이 영산강을 따라 올라올 것이다. 영산강을 타고 와서 영암과 나주의 목을 쥘 것이다.

　"저놈들의 목적은 몇 개의 성이나 취하는 게 아니랍니다. 영암성을 무너뜨리고 나주까지 잡으면 곧장 전주로 간답니다. 그러면 호남이 다 저놈들 손아귀에 들어가니 이내 한양을 덮치겠다고 호언장담을 했답니다."

　최경천이었다. 그는 충주 사람이었는데 생원시 초시에 합격한 후 더 이상 과거를 치르지 않았다. 여기저기 유람을 하고 있었다. 시를 잘 지어서 학식 있는 이들을 상당히 알고 있었다. 강진현에 갔다가 강진이 왜구의 손에 들어가는 바람에 영암으로 왔다고 했다. 양달사와도 안면이 있었고 이덕견과도 아는 사이였다.

"경천 선생, 무슨 좋은 수가 없겠소?"

달사는 조언을 구할 수 있는 사람이라면 누구에게나 귀를 열었다.

"왜놈들은 필시 영산강을 타고 올라올 것입니다."

"그야 그렇겠지요."

"그놈들은 나주가 아니라 영암성을 먼저 칠 것입니다."

최경천이 자신 있게 말했다.

"왜 그렇게 생각하시요?"

달사가 물었다.

"저놈들의 목표는 전라도가 아닙니다. 한양까지 쳐들어가려 하고 있으니 틀림없이 영암과 나주를 쳐서 뒤를 튼튼히 해 놓으려 할 것입니다. 영암성에는 지금 전주부윤과 좌우방어사가 모두 왔지 않습니까? 어찌 보면 전라도를 지키는 병사가 거의 모인 셈인데, 여기를 두고 나주로 곧장 갈 수는 없지요. 그냥 나주로 갔다가는 영암성에 있는 병사들이 뒤를 칠 것이니, 이놈들이 그렇게 하지는 않을 것입니다."

최경천의 말에 달사가 고개를 끄덕였다.

"그렇다면 놈들을 막을 방법은 없겠소?"

달사가 물었다.

"있지요. 두 가지 방법이 있습니다. 하나는 매복 작전을 하는 겁니다. 하은적산과 망모산에 병사를 숨겨 두고 일부 병사는 가래섬에 매복을 시킵니다. 그러면 저놈들이 틀림없이 밀물 때 배를 몰고 올라올 것입니다."

"그럴 가능성이 높지요."

"그렇게 기다렸다가 놈들의 배가 오면 양쪽 산에서 일제히 불화살을 쏘는 겁니다. 그러면 놈들은 혼비백산이 될 것이고 저희끼리 부딪히고 정신을 못 차릴 것입니다. 일종의 토끼몰이지요. 결국 놈들은 가래섬에 배를 대고 기어오를 겁니다. 그때 가래섬에 매복해 있는 병사들이 놈들을 모조리 섬멸해 버리면 되겠지요?"

최경천의 말에 달사는 아무런 말을 하지 않았다.

그야말로 병법에 나오는 내용을 제멋대로 갖다 붙인 말에 불과했다. 불화살을 쏘려면 그만큼 훈련된 병사가 필요했다. 더구나 불을 이용한 공격은 바람의 방향까지 다 계산해야 했고, 자칫 잘못 사용하면 아군이 피해를 입을 수도 있었다. 더구나 영산강은 큰 강이었다. 양쪽 산에서 활을 쏘아 강 가운데로 지나가는 왜선을 맞추는 것은 어려운 일이었다.

"다른 수는 없겠소?"

"하나 더 있지요."

"그건 또 뭡니까?"

"강바닥에 말뚝을 박는 겁니다. 놈들은 틀림없이 밀물 때 들어올 것이니, 그놈들이 들어올 때는 걸리지 않을 깊이로 말뚝을 박아 놓고, 놈들이 몰려온 이후에 일시에 공격하면 놈들이 퇴각을 할 것이 아닙니까? 그러면 놈들은 자기 배로 올라가서 도망칠 것이고, 도망치는 놈들이 강 하구 쪽으로 가야 할 것인데 이미 물이 빠져 있을 것입니다. 그러면 그물에 걸린 고기 모양으로 놈들의 배가 다 걸릴 겁니다. 그때 일제히 불화살을 쏜다면……."

달사는 그저 가만히 웃기만 했다. 얘기를 더 듣다 보면 강의 상류에 보를 만들어 수공을 펴자는 말까지 할 것 같았다. 당장 내일 아침에라도 왜구가 닥칠지 모르는 상황이었다. 더구나 왜구를 물리칠 충분한 병력이 있다면 무엇이 걱정이겠는가.

피난민들의 직업은 다양했다. 농부, 어부는 물론이고, 대장장이, 옹기장이, 심마니도 있었다. 멍석 잘 짜는 사람, 새끼

잘 꼬는 사람, 대바구니 잘 짜는 사람도 있었다. 그들 모두가 달사에게는 좋은 인재들이었다. 달사는 재주 있는 사람들에게 그 사람이 잘하는 일을 맡겼다.

몇 사람에게는 비밀스러운 부탁을 했다. 백날치에게는 사람을 붙여서 영산강 하구 쪽에 가서 복어를 잡게 했다. 그리고 심마니인 김덕삼에게도 몇 사람을 데리고 버섯을 채취하게 했다.

"먹는 버섯 말고 독버섯을 따서 모으시오."

달사가 말했다. 김덕삼은 고개를 갸웃했다. 강대봉과 방물장수 방 씨에게는 은밀하게 무기로 쓸 물건을 구입하게 했다. 의병이 된 이들은 자기 일처럼 빠르게 움직였다.

의병의 숫자는 갈수록 늘었다. 달사가 관리해 온 사병들도 있었지만 피난민들의 참여도 큰 힘이 되었다. 또한 간척 사업을 할 때 달사에게 은혜를 입은 사람이 많았다. 도리포나 목포에도 양달사의 식구가 있었다. 그들이 모두 왔다. 달사가 개척해 놓은 논을 경작하고 있는 이들이었다.

"주인마님, 제가 활쏘기는 통 하지 않았는데요?"

목포에서 온 영범 아범이 말했다. 영범 아범은 활쏘기에 뛰어났다. 달사는 웃었다. 관군마저 활을 쏘지 못한다는 소문이 있었다. 그저 군역을 짊어질 뿐이니 군사 훈련은 등한시한다고 했다. 달사는 생각이 많아졌다.

한 사람이라도 더 끌어들여야 했다. 달사는 광대패를 떠올렸다. 광대들과는 오래도록 인연을 맺어 왔고 그들은 평상시에도 줄타기와 땅재주를 부리는 사람들 아닌가. 분명 그들을 쓸 데가 있으리라 여겼다.

봉화대에서 더는 봉홧불이 오르지 않자 달사는 하은적산과 그 사이 몇 군데에 첨병(경계, 수색하는 임무를 맡은 병사)을 두었다. 왜구들이 보이면 징 소리로 신호를 하게 하였다. 그리고 왜구가 가까이 오면 징 소리를 더 내지 말고 돌아오라 하였다. 매복 작전을 세우기는 어려웠다. 훈련이 덜 된 의병들로 넓은 강을 사이에 두고 매복시켜 보아야 승산이 없다고 보았다.

부대는 몇 개로 나누었다. 활을 쏘는 부대와 칼과 창을 쓰는 부대, 기마대로 나눈 후 나머지 의병들에게는 다른 일을 맡겼다. 달사는 영암성을 수시로 드나들었다. 작전 회의 때문이었지만 영암성 안에서는 별다른 대책이 나오지 않았다.

비밀 작전 회의

 양달사가 폰개를 찾았다. 춘동이 말고삐를 잡았다. 달사는 여러 번 망설였다. 폰개에게 부탁할 것이 있는데 끼동이 문제 때문에 찾아오기가 어려웠다. 달사가 말에서 내렸다. 광대 몇이 인사를 했다. 달사는 이내 폰개의 집으로 들어갔다. 방으로 들어서자 폰개가 무릎을 꿇고 절을 올리려 했다. 달사는 다가가 폰개의 어깨를 잡고 마주하여 무릎을 꿇었다. 잠시 후 둘은 마주 보고 앉았다.
 "끼동이가 걱정입니다. 그런데 소식을 알 길이 없습니다. 사람을 보냈으나 달량포고 병영이고, 왜구들 소굴이 되어 버렸답니다."
 달사가 말했다.

"별일 없을 겁니다. 그렇게 쉽게 어찌 될 아이가 아닙니다."
폰개가 벽을 보고 말했다.

폰개의 눈에 눈물이 고였다. 폰개가 입술에 힘을 주었다.

한참 지나 폰개가 얼굴을 돌렸다.

"달사 어르신 덕분에 겨울을 넘겼습니다. 끼동이도 잘 거두어 주어 고맙습니다. 염려 마시고 전하고자 할 말씀이 있다면 하십시오."

긴히 할 얘기가 무엇인지는 들어야 할 것 같았다.

달사는 쉽게 입을 열지 못했다. 의병을 일으키기는 했지만 왜구들을 막을 수 있을지는 장담할 수 없었다. 정예군이 지키는 가리포진, 달량진, 병영성도 무너졌다고 하지 않는가. 달량진이 무너진 것은 충격이었다. 영암에서도 구원병이 갔고, 장흥과 강진에서도 구원병이 갔다. 그런데 천 명이 넘은 관군이 하루도 못 버티고 성을 내주었다.

적은 생각보다 강했다. 이전에 온 왜구들과는 달랐다. 훈련이 잘 되어 있고 숫자도 많았다. 달량포에 정착한 왜구의 배가 수백 척은 되어 보이더라고 했다. 단순하게 마을 몇 개를 약탈하러 온 자들이 아니라 아예 이 땅을 차지하러 온 자들이었다. 달사는 온몸이 옥죄어지는 것 같았다. 만 명의 적이 자신의 숨통을 조여 오고 있었다.

"도와주십시오."

달사가 무릎을 꿇었다.

폰개가 깜짝 놀라 양달사 앞에 엎드렸다.

"나으리, 왜 이러십니까. 몸 둘 바를 모르겠습니다."

폰개가 말했다.

"도와주십시오. 의병이라고 모았지만 훈련된 자들은 이삼백 명밖에 되지 않습니다. 인근의 광대패를 다 불러서 모아 주십시오. 은혜는 갚겠습니다."

달사가 폰개의 눈을 보며 간절한 표정으로 말했다.

"도와주십시오."

달사가 고개를 숙였다. 폰개는 어찌할 바를 몰랐다. 양반이 광대에게 무릎을 꿇는 경우는 없었다. 그런데 달사는 지금 자기 앞에 무릎을 꿇고 고개를 숙이고 있다. 폰개는 가슴속에서 복받쳐 오르는 뜨거움을 주체하기 어려웠다.

'이 사람은 참으로 큰사람이구나!'

폰개가 두 손으로 달사의 손을 잡았다.

달사가 집 밖으로 나왔다. 집 앞에 말이 매어져 있어서인지 광대 몇이 폰개의 집 사립(나뭇가지를 엮어서 만든 문)에 서 있었다.

"끼동이 소식은 있어요?"

땅쇠가 물었다. 달사는 아무런 대꾸를 하지 않았다.

"의병인가 뭔가 모집한다더니, 여기 오실 틈이 되셨나 봅니다?"

말이 삐딱했다. 석길이었다. 땅쇠가 석길의 옆구리를 찔렀다. 눈짓으로 입 다물라는 신호를 보냈다.

"끼동이 죽었는지 살았는지도 모르는 판국에 무슨 염치로 여기를 온 것이여?"

석길은 씨근덕거렸다.

"그만하시게!"

폰개가 무겁게 말했다.

"아니, 형님은 속도 좋소. 손주 잡아먹은 놈을 뭐 하러 집으로 들여요?"

석길이 딴 곳을 바라보며 말했다.

"미안합니다. 저도 걱정이 많습니다."

달사가 말했다.

"걱정은 무슨, 양반들이 상것들 걱정을 퍽이나 하시겠소. 집개가 나가면 벌벌 하겠지만, 상것 하나 죽은 것에 눈이나 깜짝하시겠소?"

석길이 말했다.

"아저씨는 왜 그렇게 삐딱하게 말씀하세요? 우리 주인마님이 무슨 잘못이라도 했단 말이오?"

춘동이 말했다.

"도와주십시오. 나라의 처지가 위급합니다. 저놈들에게 이 땅을 빼앗기면 어떻게 살 수 있겠습니까? 이 땅에 사는 백성이라면 마땅히 나서야 합니다. 저놈들 발밑에서 짐승처럼 살지 않으려면 쇠스랑이라도 들고 싸워야 합니다."

달사가 말했다

"왜구의 종이 되는 거나 양반의 종이 되는 거나 다를 것이 있나요? 어차피 개돼지만도 못했는데 무슨 영화를 보겠다고 나선단 말이오. 양반들의 나라이니 양반들이 나서서 지키시오."

석길이 말했다.

달사는 입을 다물었다. 그랬다. 문제는 바깥에 있지 않았다. 이곳에 사는 사람들이 사람으로 대접받지 못한 마당에 그들에게 나서서 왜구와 싸우자고 하니 그것이 문제였다. 이 나라는 누가 쳐들어와도 될 나라가 되어 있었다.

'관리들, 양반들이 백성의 등골만 빼먹고 남은 뼈까지도 뽑아 먹으려 하고 있었으니 그들에게 어찌 나라를 지키자고 할 수 있겠는가?'

달사의 입은 무언가로 꿰매진 것 같았다.

"그런 소리 마시게. 달사 어른 같은 분이 계셨으니 우리가 입에 풀칠이나 할 수 있었지. 지난겨울에 공납을 내지 못했다고 이방이 나를 죽이려 한 일은 자네도 잘 알고 있지 않은가?"

폰개가 말했다.

"아니, 형님. 그 일은 왜 갑자기……."

석길이 말했다.

"내가 돈이 어디 있어서 자네 마누라 약값을 줬겠는가. 공납 내려던 것을 자네한테 준 것이지. 결국 내가 그 일 때문에 곤란을 겪은 것이야. 잘 알지 않은가?"

폰개가 말했다.

"그 일을 어찌 잊겠습니까. 그 빚은 꼭 갚겠습니다. 무슨 짓을 해서라도 꼭……."

석길이 말했다.

"그 빚을 받아야 할 사람은 달사 어른이네. 양달사께서 나서서 다 해결해 주어서 탈이 없었던 게야."

폰개의 말에 석길은 어안이 벙벙해졌다.

달사는 영암성 쪽으로 말을 몰았다.

달사는 동문으로 들어가 바로 동헌으로 향했다. 동헌에는 스무 명쯤의 사람들이 모여 있었다. 마루 안쪽에 전주부윤 이윤경이 앉아 있고, 그 앞 마룻바닥에 남치근, 김경석 등이 앉아 있고, 마당 가까운 곳에 이방을 비롯한 영암성의 관속들이 앉아 있었다. 달사는 마당 안쪽으로 들어가 이윤경을 보고 고개를 숙여 절을 했다. 이윤경이 부채를 들고 있다가 알았다는 손짓을 했다.

"병영성이 함락당했다고 하오."

이윤경이 말했다.

남치근과 김경석은 서로의 눈치만 보고 있었다.

"밤의 어둠을 틈타 승리에 취해 있는 적을 기습하는 것이 좋을 거 같습니다."

향교 장의(조선 시대에 성균관·향교에 머물러 공부하던 유생의 임원)인 신희범이었다.

"그러니까, 누가 나가서 적의 칼을 꺾는단 말이오?"

이윤경이 물었다.

"그거야 백전노장이 두 분이나 계신데 무엇이 걱정이오리까?"

신희범이 남치근과 김경석 쪽을 힐끗거리며 말했다. 남치근은 김경석을 흘겨보고 김경석은 남치근을 흘겨보았다.

"좌도방어사, 우도방어사 두 분이 계시니 걱정이야 없지요. 더구나 우도방어사께서는 작년에 흑산도에서 왜구를 섬멸하시었고, 좌도방어사께서는 몇 년 전 함경도에서 여진족을 몰살시킨 전적도 있으니……. 그렇지 않소이까?"

이윤경이 남치근과 김경석의 얼굴을 번갈아 보며 말했다.

"병사만 있다면야 그까짓 왜구 몇 놈 처치하는 게 어렵겠습니까? 다만 우리 수가 부족하니 자칫 경망스럽게 움직였다가는 오히려 주력 부대가 무너질 수도 있습니다. 지금은 다만 성을 지키는 것이 답인 줄로 아옵니다. 이럴 때일수록 성벽을 더 튼튼히 하고……."

남치근이 말을 얼버무렸다.

"속히 나주로 가서 구원병을 요청해야 할 것 같습니다. 우리 병사의 수가 적은데 이러다 적들이 한꺼번에 달려들면 어찌할 도리가 없을 듯하옵니다."

김경석의 종사관인 양사준이 말했다.

"도리가 없다! 수가 적다! 그것이 어찌 나라의 녹을 먹는 장수들의 입에서 나올 말이오?"

이윤경이 버럭 화를 냈다.

그때였다.

"나주에서 급한 전갈이 왔습니다."

벙거지 하나가 달려와서 고했다.

"무언가?"

이윤경이 물었다.

벙거지가 편지를 건넸다. '우도방어사, 좌도방어사가 모두 영암으로 갔으니 전주부윤께서는 이제 본래 자리로 돌아가시는 게 좋겠습니다. 또한 남치근은 군사를 더 달라 하는데 이곳 나주도 더 내어 줄 군사가 마땅치 않습니다.'

이런 내용이었다. 편지 말미에 왜구가 턱밑에 왔는데 자칫 형님이 위태로울까 염려된다는 말도 있었다. 도순찰사로 나주에 내려와 있는 호조판서 이준경은 전주부윤 이윤경의 친동생이었다.

이윤경은 그 자리에서 답장을 썼다.

'이곳이 위급하니 여기를 지키겠네. 수십 년 나랏밥을 얻어먹으며 어디에서 죽어야 할지 고심하였던 차에 이제 나라의 위기를 맞닥뜨렸으니 이곳이 그 자리가 아니겠는가.'

이윤경은 숨도 멈추지 않고 여러 사람이 보는 데서 바로 답을 써서 보냈다. 편지를 가져온 자가 자리를 뜨자 이윤경이 남치근에게 물었다.

"병사를 보내 달라 하였소?"

"그렇소이다. 적의 수가 1만이 넘는다고 하는데 지금의 병사로는 막기가 어렵습니다. 섶(땔나무)을 지고 불구덩이에 들어갈 수는 없지 않겠습니까?"

남치근이 말했다.

"화약을 이고 가서 그 불구덩이를 없애 버릴 생각은 왜 못

할꼬?"

이윤경이 호통을 쳤다.

밖은 소란스러웠다. 피난민들이 밀려드니 집마다 골목마다 사람이 바글바글했다.

회의는 아무런 결론 없이 끝났다. 끝내 남치근은 나주로 갔다.

"성문을 잠그고 더 이상의 난민은 들이지 말라."

이방의 지시로 벙거지들이 소리를 지르며 다니고 있었다. 갑자기 남문 쪽이 소란스러웠다.

"이덕견이가 왔다네!"

사람들이 수군거렸다.

영암 군수였던 이덕견이 조선인과 왜구 몇을 데리고 왔다. 구경났다고 사람들이 모조리 남문 쪽으로 향했다. 달사도 그 쪽으로 고개를 돌렸다. 이덕견으로 보이는 사람이 앞장을 섰고 그 뒤로 조선 사람 셋, 왜구 셋이 따르고 있었다. 이덕견은 백기를 들고 있었다.

잠시 후에 전주부윤 이윤경이 나왔다. 이덕견이 왜장(일본 장수)의 편지를 전했다.

"30석을 바치라?"

이윤경이 물었다.

"그러하옵니다. 저들의 기세가 한양까지 쳐들어가고도 남을 기셉니다. 저들이 원하는 것을 주고 성을 보존하소서!"

이덕견이 말했다.

"이 군수는 부끄러움도 모르오? 자신이 지키던 성에 들어오면서 백기를 들고 오는 것도 모자라 왜구들한테 30석의 양식을 바치고 성을 보전하라고? 이게 말이나 되는 소리요?"

"이 군수의 말도 일리가 있습니다. 이미 적들의 손에 강진, 장흥, 병영이 다 무너졌습니다. 이제 저들의 칼끝 앞에 영암과 나주가 남아 있는데……."

백낙철이 말했다.

"그래서 무릎을 꿇고 양식을 바치자는 말이요, 지금?"

이윤경의 얼굴이 붉어졌다.

"그것이 아니오라……."

말끝을 흐리며 백낙철이 동헌으로 들어가 버렸다.

"저놈들을 당장 가두라!"

이윤경이 큰소리로 명령했다.

"이보시오, 부윤. 난 지금 사신으로 온 것이오!"

이덕견이 소리를 질렀다.

"사신? 사신이라 했소?"

이윤경은 말을 잇지 못했다. 달사의 귀에도 '사신'이라는 말이 똑똑히 들렸다.

'이 군수가 완전히 다른 생각을 하고 있구나.'

달사는 생각했다.

'생각이 다르면 앞날이 다를 것이다.'

달사도 자신의 앞날을 알 수는 없었다. 다만 죽어서라도 부끄럽지 않아야 한다. 달사는 염치를 생각했다.

"주인어른. 저기, 저 왜구 모습이 어디선가 본 것 같습니다."

그때 옆에 있던 춘동이 말했다. 달사도 이덕견 뒤에 서 있던 왜구의 모습을 자세히 보았다. 낯이 익었다. 왜구의 모습을 알아본 달사는 반가워서 한달음에 달려 나갈 뻔했다. 바로 끼동이었다.

"끼동이가 아니냐?"

"맞습니다. 끼동이가 분명합니다."

달사와 춘동은 낮은 목소리로 말을 주고받았다.

이덕견은 함께 온 이들과 함께 옥에 갇혔다. 이윤경은 당장 목을 쳐야 한다고 했다. 하지만 사신으로 온 자를 함부로 베어서는 안 된다고 주장하는 이들도 있었다. 이덕견이 사신인지, 항복한 장수인지를 가려야 했다. 서로의 주장이 팽팽했다. 이덕견을 죽여야 한다는 의견이 더 많았다.

결론이 났다. 이덕견은 죽인다. 왜구는 돌려보낸다. 그리고 함께 온 조선인들은 풀어 주어 고향으로 돌아갈 기회를 주기로 했다.

　밤이 깊었다. 달사는 손을 써서 끼동을 만났다.

　"어찌 된 것이냐?"

　달사가 물었다. 끼동은 그간의 일을 간략하게 말했다.

　"지금 줄을 써서 꺼내 주마. 너는 조선인이 아니냐. 그나저나 살아 있어서 정말 다행이다."

　달사가 말했다.

　"아닙니다. 제가 지금 여기에서 빠져나가면 이들에 대해 알 수 있는 방법이 없습니다. 그리고 이들은 저를 비롯하여 많은

조선인들을 의심하게 될 것입니다. 지금은 이들이 괜한 의심을 갖지 않게 해야 합니다."

끼동이 말했다.

며칠 사이였지만 끼동은 생각이 부쩍 자라 있었다.

"내 너를 바로 꺼낼 수 있다. 이곳의 부윤 영감과는 내가 잘 안다."

"아닙니다. 제가 이들과 함께 있어야 어르신께 많은 것을 알려 줄 수가 있습니다."

끼동이 말했다.

"간자가 되겠다는 말이냐?"

달사가 물었다.

"간자가 무엇인지는 모르지만 속이는 것이지요. 오랜 전쟁에 지쳐서인지 이자들은 놀이패가 노는 것을 좋아합니다. 저는 이자들 앞에서 줄을 타고 있습니다. 아마 며칠 내로 영암성으로 올 것 같습니다. 어차피 왜구가 된 것처럼 보이니 이자들과 함께 있겠습니다. 적장의 마음에 더 들도록 해야 합니다. 저를 완전히 믿을 때까지 왜구 노릇 좀 하고 있겠습니다. 어르신께 도움이 되었으면 좋겠습니다."

끼동이 말했다.

"이놈들이 영암에 오면 아예 굿판을 크게 만들면 되겠구나!"

"맞습니다."

"왜구는 몇 명이나 되느냐? 전쟁 경험은 많은 자들이냐?"

"전쟁만 하고 다녔던 자들입니다. 지금 영암성을 지키는 관군들하고는 비교가 안 됩니다. 칼을 잘 쓰고, 방탕하고, 약탈을 좋아하고, 호기가 넘칩니다."

"그렇다면 이들을 물리칠 방법은 없는 것이냐?"

"제 생각에는 정면으로 부딪히면 이기기 어렵습니다. 꾀를 써서 허를 찔러야 합니다. 제가 병법을 모르는지라 어떻게 해야 할지 알 수 없습니다. 방법을 찾아 주십시오."

끼동의 말을 들으며 달사의 머릿속에 한 가지 계획이 떠올랐다.

"알았다. 너는 당분간 이들과 지내라. 이들이 만약 물러간다면 그때는 어떻게 해서라도 도망을 치고, 그렇지 않다면 영암이나 나주에서 다시 보자꾸나."

"왜구에 잡혀 있는 조선인들이 많습니다. 어떤 이들은 아예 왜구가 되었습니다. 타고난 피는 조선인이지만 뼛속은 왜놈들과 같습니다. 아예 이놈들과 함께 다른 나라까지 다니면서 몇 년을 지낸 자들입니다. 그들이 조선말을 하기 때문에 그들로부터 소식을 듣습니다. 그들은 저도 조선을 버렸다고 믿고 있습니다."

"조선을 버려서 조선을 구하겠다는 것으로 알면 되겠느냐?"
달사가 물었다.
"어려운 말은 모르겠습니다. 다만 죽을 뻔한 저를 살려 주신 은혜는 갚겠습니다. 저에게 편지를 줄 때 이들을 물리치려는 게 아니었습니까?"
"그건 맞다."
"그러면 제 꾀를 믿어 주십시오."
"어허, 그래도 아직 어린 너를 이렇게 왜구들 아가리에 넣어 둔다는 게 말이 되느냐?"
"쉽게 죽지는 않을 것입니다. 저는 이자들에게는 그냥 웃기는 광대입니다. 함부로 어떻게 하지는 않을 것입니다. 조선인이었다가 이들에게 빌붙어 사는 이들도 한둘이 아니고요."
"그렇구나."
달사는 탄식인지 안심인지 모를 한숨을 내쉬었다.
"살아 있어라. 꼭 다시 보자. 내가 부윤 영감께도 네 뜻을 전하마."
끼동과 헤어진 달사는 이윤경을 만났다. 그리고 끼동의 일을 세세하게 설명했다.
다음 날 아침 이덕견은 참수(목을 벰.)되었다. 함께 온 왜구 세 명은 돌려보냈다. 왜구 세 명 중에는 끼동도 있었다. 함께 왔던 다른 조선인들은 알아서 갈 길을 가라 했다.

그들은 각자의 고향으로 돌아가겠다고 했다. 갈 곳이 없을 것이었다. 고향에 갈 수도 없고 왜구들에게 돌아갈 수도 없을 것이다. 그렇다고 영암성에 남아 있기도 어려울 터였다. 그들에게는 앞날이 없었다.

달사는 조용히 이덕견의 시신을 거두었다. 사람들이 발길질하고 욕을 해 대는 이덕견이었지만 그는 불과 얼마 전까지만 해도 영암 군수를 지냈고 목숨을 부지하려 항복했다. 사는 것이 무엇보다 소중한 자였다.

'죽은 뒤에 욕먹는 것이 두려워 목숨을 걸 것인가. 과연 나는 그럴 수 있는가?'

달사는 이덕견의 시신을 거두면서 많은 생각을 했다.

'욕을 먹더라도 살아야 했을까. 이렇게 될 바에는 왜구에게 잡혔을 때 죽었어야 했을까.'

목숨을 걸고 판단해야 할 때는 목숨의 무게가 이덕견을 짓눌렀을 것이다. 이 위태로운 상황에 옳고 그름만이 유일한 기준이 될 수는 없었다.

'옳지 않아도 사는 것이 나을까. 옳음을 위해 목숨을 버리는 것이 좋을까. 옳고 그름이란 또 무엇인가. 그것이 옳다고 믿고 있어서 옳은 것은 아닌가.'

이덕견에게는 옳음과 그름이 사라졌다. 이덕견의 시신을 수레에 싣고 서문을 빠져나갈 때 사람들은 그의 시신에 침을 뱉었다.

거짓 항복

 닭이 울기 전이었다. 닭 우는 소리보다 먼저 징이 울렸다. 달사는 잠에서 깨 밖으로 나갔다. 언제 일어났는지 집사와 춘동이 마당에 서 있었다. 징 소리는 점점 가까워졌다.
 '왔구나!'
 칼을 챙겼다. 칼집에서 칼을 빼 보았다. 칼에서 나는 소리는 서늘했다. 칼 소리는 이 세상의 소리가 아닌 듯했다. 달사는 칼을 뽑을 때마다 그런 생각을 했다.
 칼 소리와 비슷한 소리를 들어 본 적이 없었다. 새소리도 짐승 소리도 풀잎들이 부딪히는 소리도 칼 소리와는 달랐다. 칼 소리는 저승의 소리였다. 이승에서는 듣지 말아야 할 저승의 소리, 그 칼 소리가 간담을 서늘하게 했다. 너의 죽음이 나를 죽이기 전에 나의 죽음으로 너를 죽게 하는 것이 전쟁이었다.

달사는 칼을 빼었다가 다시 넣었다. 징 소리가 울렸으니 눈으로 확인할 일만 남았다.

"같이 가시게요."

춘동이 따라나섰다. 달사는 점점 걸음을 빨리했다. 마음이 급했다.

"주인어른 천천히 좀 가시게요. 저는 말도 당나귀도 아니라니까요."

춘동이 말했다.

"그러니 왜 따라나선다고 했느냐?"

달사는 어느새 강둑에 섰다. 강둑에는 억새며 갈대풀이 우거져 있었다. 짙어진 풀색을 그믐달이 차갑게 비추고 있었다. 달사의 온몸은 신경이 곤두서 있었다. 바람은 뜨뜻미지근했다.

달사는 말없이 강물을 보았다. 어두운 강에서는 이따금 물고기 뛰는 소리만 났다. 달이 식어 가고 있었다.

멀리 돛폭(돛을 이루고 있는 넓은 천)이 보였다. 배들은 빠른 속도로 물을 타고 올랐다. 밀물인 데다가 바닷바람이 숨구멍 같은 강줄기를 따라 내륙을 향해 불었다. 백날치의 말이 맞았다. 이제 저 배들이 나주로 향하느냐, 영암으로 향하느냐가 문제였다.

'저 배가 어디로 향하건 먼저 죽어 나가는 것은 이 땅의 백성들이다!'

달사의 가슴속에서 스컹스컹 죽음의 칼 소리가 났다.

첨병으로 나갔던 의병들이 돌아왔다. 장국을 끓여 그들을 먹였다. 잠자리를 편하게 하라 했다. 달사는 성으로 향했다. 저들의 배가 당도하기 전에 영암성에 닿아야 했다.

물을 거슬러 오르는 배의 속도보다는 말이 빨랐다. 달사는 바로 동문으로 향했다. 부지런한 사람들은 나물 뜯을 준비를 하고 밖으로 나가고 있었다. 이른 아침이라서 길에는 사람들이 별로 없었다. 동헌 마루에 이윤경이 홀로 앉아 있었다. 달사가 기침을 했다.

"놈들이 몰려오고 있습니다."

달사가 말했다.

이윤경의 표정은 거의 변화가 없었다. 한참 동안 침묵이 이어졌다.

"의병대는 어찌 되어 가고 있소?"

이윤경이 물었다.

달사도 마루에 가서 앉았다.

"화약을 좀 내주셨으면 합니다."

달사가 말했다.

화약을 구한다고는 했지만 관의 힘을 빌리지 않고 일정한 양의 화약을 사서 모으는 건 쉽지 않았다.

"어디다 쓰시려고?"

이윤경이 물었다.

달사는 왜구의 배가 정박해 있을 때 몇 척의 배에 화약을 실어 두었다가 불화살을 쏘아 터트릴 계획이었다.

달사에게는 그 외에도 몇 가지 계획이 있었다. 광대패를 이용해 저들이 안심하게 한다. 양달초를 비롯한 주민들이 거짓 항복을 한다. 항복한 주민들이 밥을 짓고 반찬을 만들어 왜구들을 먹인다. 그들이 안심한 후에 독버섯과 복어를 넣은 국을 끓여 먹인다. 복엇국을 끓이기 전에 영암성과 포구 사이에 마름쇠(끝이 뾰족한 네 개의 발을 가진 쇠못)와 쇠꼬챙이와 밧줄을 설치한다. 만약 아군이 밀린다면 적을 그쪽으로 유인하여 혼란에 빠뜨린 후 격파한다. 적이 퇴각할 때 적을 완전히 섬멸한다.

달사는 이러한 계획을 자세히 설명했다.

"과연 달사 영감은 무관이요."

이윤경이 고개를 끄덕였다. 성루에서 나팔 소리가 울렸다.

"왜구가 나타났다."

성루에 있던 첨병들이 소리를 질렀다. 달사는 서둘러 봉호정 마을로 돌아갔다.

달사는 의병들을 소집했다. 먼저 움직여야 할 부대는 전투 부대가 아니었다. 부대는 크게 셋으로 나누었다. 위문대와 전투대, 광대 부대가 그것이었다. 위문대는 거짓 항복을 하여 왜구들에게 양식과 잠자리 등의 편의를 봐 줄 것이다.

전투대는 달사가 맡았다. 직접 전투에 나설 삼백 명 정도의 정예 부대였다. 이들은 달사와 함께 오랫동안 훈련을 해 온 이들이 대부분이었다. 피난민 중에서도 싸움에 능한 자들이 합세했다. 전투대는 또 몇 개로 쪼개었다. 각 부대의 역할이 달랐다.

광대 부대는 폰개가 맡았다. 광대 부대와 위문대는 왜구들과 함께 있어야 했다. 그만큼 위험했다. 위문대는 준비를 서둘렀다. 저들의 환심을 사기 위해서는 저들의 마음을 잡아야 했다. 양달수는 향교, 달해는 구림 쪽 유림들의 지원을 받아 내기로 했다.

양달초가 위문대를 맡았다. 달초는 능청스럽고 꾀가 많았다. 위문대는 주로 여자들과 피난민 위주의 부대였다. 위문대는 왜구들에게 맛있는 식사를 대접하고 그들을 안심하게 만드는 것이 목적이었다. 달초와 위문대는 일부러 허름한 복장을 했다. 조선 사회에 불만이 많은 사람들이 모인 것처럼 보여야 했다. 그들의 작전은 왜구들이 그들을 믿게 하는 것이었다. 왜구들의 의심을 사지 않아야 비밀리에 밧줄을 치고 마름쇠 박는 일을 할 수 있을 것이었다.

 몇 천 명의 사람들을 먹이기 위해서는 거기에 따르는 솥이나 기타 도구도 만만치 않게 필요했다. 위문대는 그것을 미리 준비해 놓았다. 세 대의 수레, 몇 마리의 당나귀와 말 등에 식기 등을 싣고 위문대가 출발했다.

 아침은 맛조개로 끓인 조개탕이 될 것이다. 왜구들은 오랜만에 맛있고 속이 편한 밥을 먹게 될 터였다. 맨 앞의 수레에는 닷 섬이나 되는 쌀도 실었다. 저들이 영암성에 식량을 요구한 걸로 보아 식량 사정이 나쁠 것이다. 소 한 마리와 돼지 열 마리도 미리 구해 놓았다. 저들의 마음을 움직이려면 그 정도 정성은 보여야 했다.

 달사는 말을 타지 않고 위문대의 한 사람이 되어 길을 나섰다. 먼저 적의 동태를 살펴야 했다. 끼동과 얘기한 것도 있었지만 끼동이 나타날지는 의문이었다. 그동안 별다른 일이 없었다면 끼동은 나타날 것이고, 그렇게 된다면 끼동과 짠 비밀 작전이 맞아떨어질 것이었다.

 왜구들은 영암성이 바라보이는 곳에서 멈췄다. 왜구의 정확

한 숫자는 알 수 없으나 만 명쯤 되어 보였다. 성문은 굳게 닫혀 있었다. 몇 명의 왜구가 먼 거리에서 성을 살폈다. 성에서는 아무 반응을 보이지 않았다.

왜구들이 향교 쪽으로 자리를 옮겼다. 향교 인근의 집들은 비어 있었다. 이미 피난을 간 것이다. 왜구들은 향교와 빈집으로 들어가고 남은 이들은 공터에 진을 쳤다. 머나먼 뱃길에 그들도 기운이 넘치지는 않을 것이다. 그들은 자리를 잡고 아침 먹을 준비를 하는 듯했다.

달초가 앞장서서 그들이 있는 곳으로 향했다.

"대장님을 만나고 싶소."

달초가 말했다.

왜구들이 저희끼리 뭐라고 하더니 한 사람을 데려왔다.

"무슨 일이오?"

왜구 차림을 하고 있었으나 조선인이었다. 송충이 눈썹에 턱이 뾰쪽했다.

"긴히 드릴 말씀이 있소. 도움을 드리려는 거요."

달초가 말했다.

송충이 눈썹이 달초를 위아래로 쳐다봤다. 그러더니 옆에 서 있던 병졸에게 달초의 몸을 뒤지라 했다. 왜구 하나가 달초의 몸을 수색하더니 송충이 눈썹이 달초를 데리고 갔.

향교의 마루 가운데 노란 갑옷을 입은 왜구가 앉아 있었다. 어깨를 높인 갑옷이었다. 달초가 고개를 숙여 절했다.

노란 갑옷이 고개를 들었다.

"용건을 말하라!"

송충이 눈썹이 말했다.

"폐하, 기다리고 있었습니다."

달초의 조선 말을 송충이 눈썹이 전했다. 노란 갑옷이 허리를 뒤로 젖히며 크게 웃었다. 그러다가 갑자기 표정이 굳어졌다.

"코노야로오. 즈루카시꼬이야쯔메! 오레오 단나사마다또 요

부 오마에노 시따고꼬로오 시라누또 오모우노까. 코노야로오 가다레오 다마소오또!(네 이놈. 간사한 놈 같으니라고! 나더러 폐하라고 부르는 네 놈의 속셈을 모를 줄 아느냐? 이놈이 누굴 속이려고!)"

노란 갑옷이 말했다.

"간사한 네놈이 나를 폐하라고 부르며 속이려는 것을 알고 있다고 하신다."

송충이 눈썹이 말했다.

그러자 달초는 자신이 이곳에 온 이유를 자세히 말했다.

냉천이라는 곳에서 태어났는데 양반인 아버지가 종이었던

어머니를 강제로 욕보여 태어나게 되었다. 그런데 서얼인지라 꼼짝없이 노비가 되었다. 다행히 본부인에게서 아들이 없어서인지 아버지가 자기에게 공부를 시켰다. 그런데 다시 새로 들인 두 번째 부인이 아들을 낳았다. 이제 핏덩이인데 그때부터 찬밥 신세가 되었다. 출세를 하고 싶은데 앞날이 캄캄했다. 그러던 차에 달량포진이 무너지고 병영이 무너지자 자기는 쾌재를 불렀다. 이제 영암성도 무너지고 나주나 전주도 무너질 것이다. 그래서 결심했다. 앞으로는 바다 건너에서 오신 새 왕이 나라를 다스릴 것인데 일찍부터 그분에게 충성을 다한다면 이까짓 작은 고을이 아니라 이 나라의 정승이 될 수도 있는 것 아니겠느냐고 말했다.

　달초의 말은 거짓이었지만 달초는 마치 자기가 직접 겪어 온 일을 말하듯 막힘없이 말을 이어 갔다. 비로소 노란 갑옷의 얼굴에 화색이 돌았다.

　"조선은 어차피 한 줌도 안 되는 양반들이 떵떵거리고 있어서 가망이 없습니다. 밖으로 말을 안 했어도 다들 마음속으로는 폐하 같은 영웅이 오시길 기다리고 있었습니다. 제가 폐하를 알현하게 되어 영광입니다. 절 올리겠습니다."

　달초가 마당에 엎드려 노란 갑옷을 향해 큰절을 올렸다. 속에서는 역겨움이 올라왔지만 달초는 꾹 참았다.

'이 수치를 갚을 때가 있을 것이다.'

이를 악물었다. 달초는 계속 바닥에 머리를 박고 있었다.

"알았으니 일어나라고 하십니다."

송충이 눈썹이 말했다.

달초가 자리에서 일어났다. 노란 갑옷이 달초를 손짓으로 불렀다. 달초가 가까이 갔다. 노란 갑옷이 술상을 내어 오게 했다. 달초는 무릎을 꿇고 앉았다. 오금이 저렸다. 달초는 또 말을 이어 갔다.

"영암에 오신다는 말씀을 듣고 반가운 마음에 먹을 것을 조금 챙겨 왔습니다."

달초가 말했다.

"우선 소 한 마리와 돼지 열 마리를 준비했습니다. 급한 대로 쌀도 닷 섬 가져왔습니다."

노란 갑옷이 환하게 웃었다. 그리고 달초의 잔에 술을 가득 따라 주었다. 술에서 은은한 매화 향이 났다.

"수색이 끝나시면 양식 같은 거 구하러 마을로 가지 않으셔도 될 것입니다. 저희가 미리 다 준비하겠습니다. 또한 한양까지 가시려면 무엇보다 충분한 식량이 있어야 할 것입니다. 전라도를 다 뒤져서라도 마련하겠습니다. 그 대신 저를 내치지는 마십시오."

달초가 노란 갑옷의 눈을 보며 말했다.

노란 갑옷이 고개를 끄덕거렸다. '약탈'이라는 말 대신에 '수색'이라고 한 것도 마음에 들었고, 걱정하고 있었던 식량 문제가 쉽게 해결될 것 같아서 기분이 좋았다. '이 자를 긴하게 쓰리라.' 마음먹었다.

노란 갑옷은 많은 곳을 쳐들어갔지만 영암에서처럼 대접을 받는 건 처음이었다. 미리 알아서 식량까지 챙겨 주니 걱정 하나가 사라졌다. 이자의 말대로라면 한양으로 가는 길도 훤히 트여 있을 것 같았다.

'폐하! 폐하라.'

노란 갑옷은 속으로 히죽거렸다. 그러나 우쭐거림을 감추기 위해 일부러 딱딱한 표정을 지었다.

달사는 노심초사 달초를 기다렸다. 행여 잘못되지는 않을까 마음이 불편했다. 톡톡 소리를 내며 감꽃이 떨어졌다. 향교가 있는 골목에서 달초가 걸어 나왔다. 달사를 비롯한 형제들과 위문대 사람들은 환호를 보냈다.

아침을 먹은 왜구들은 각 마을로 흩어져 약탈을 시작했다.

불난 집도 한둘이 아니었다. 다행히 위문대 사람들은 건들지 않았다. 항복하러 온 것임을 분명하게 알렸기 때문이었다.

달사 형제들과 폰개, 백날치, 이방석, 영범 아범, 강대봉 등이 모여 회의를 했다. 앞으로 어떻게 해야 할지 분명해졌다. 달사가 예상한 대로였다. 이제 광대 부대가 호응을 얻어 낸다면 달사의 작전이 들어맞을 것이었다.

"한 가지 문제가 있습니다."

달초가 말했다. 모두 달초의 입으로 귀를 모았다.

"왜구 놈이 나를 붙잡고 있을 모양입니다. 마음에 들어도 너무 마음에 드는 모양입니다."

말하고 나서 달초가 크게 웃었다. 달사는 걱정이 되었다. 달초가 왜구 대장 옆에 붙어 있다면 문제가 생길 수밖에 없었다.

'놈은 달초 아우를 포로로 붙잡은 것이야.'

달사의 머릿속이 복잡해졌다.

왜구들의 점심 식사는 위문대가 마련했다. 소를 잡고 돼지를 잡았다. 여러 날 동안 준비한 조갯국도 넉넉하게 끓였다. 쇠고기 미역국, 무 장국 등 국거리도 다양했다. 각 마을로 약탈을 나갔던 왜구들이 돌아오고 있었다. 왜구들의 눈앞에 오랜만에 음식다운 음식이 놓여 있었다. 왜구들은 많이 먹고 많이 떠들었다.

점심 식사가 끝나자 놀이판이 벌어졌다. 향교 마당이 무대였다. 가수들이 나와서 노래를 부르고 춤꾼들이 나와서 춤을 추었다. 간단한 연극도 있었다. 이윽고 광대들이 나와서 여러 가지 공연을 했다. 조선의 놀이패와 다른 것도 있었다. 몇 가지는 비슷했다.

허공에 줄이 걸렸다. 달사를 비롯해서 위문대 사람들은 숨을 죽이고 줄을 바라보았다. 폰개는 어찌할 바를 몰라 가만히 서 있지 못했다.

'끼동아!'

춘동이가 속으로 끼동이를 불렀다. 두 손을 맞잡고 있었지만 눈은 줄에 달라붙을 것 같았다. 달사와 위문대 사람들의 눈이 높은 외줄에 주렁주렁 달린 것 같았다.

이윽고 왜구 하나가 부채를 들고 나타났다. 끼동이었다. 끼동은 줄타기 솜씨가 더욱 늘었다. 폰개의 눈에서 눈물이 주르르 흘러내렸다.

줄타기를 마친 끼동은 줄에서 내려올 때도 그냥 내려오지 않았다. 공중제비를 한 바퀴 돈 후에 바닥에 섰다.

"대장님을 만나고 싶어."

끼동이 당나귀 귀에게 말했다.

거짓 항복

당나귀 귀가 망설이는 듯하더니 향교 마루를 향해 걸어갔다. 몇 사람을 거쳐 향교 마루 아래에 선 당나귀 귀가 무어라 말했다. 이윽고 당나귀 귀가 끼동에게 왔다.
"오라셔!"
당나귀 귀가 말했다.

오후에는 폰개 등 조선 광대패가 공연했다. 끼동이 말을 한 덕분이었다. 줄을 하나 더 쳐서 끼동과 폰개가 각자의 줄에서 놀았다. 땅쇠도 땅재주를 마음껏 부렸다. 버나재비 석길은 접시를 돌리면서 향교 마루 가까이로 갔다. 노란 갑옷이 볼 수 있는 거리였다. 접시돌리기가 끝나자 석길이 노란 갑옷 앞에 무릎을 꿇었다.
"저도 같이 다니고 싶습니다."
석길이 말했다.
송충이 눈썹이 석길의 말을 옮겼다. 석길은 왜구처럼 머리를 하고 싶다고 했다. 그렇게 하라는 허락이 떨어졌다. 석길은 머리를 왜구처럼 밀었다. 석길은 옷도 한 벌 달라고 하였다. 석길에게 왜구 옷 한 벌이 내려왔다. 헌 옷이었다. 석길은 왜구가 된 것 같아 기뻐서 환하게 웃었다. 그리고 머리가 땅에 닿도록 향교 마루를 향해 절했다. 노란 갑옷이 은화 한 닢을 주었다. 석길은 다시 절을 했다.

조선 광대들의 공연이 끝났다. 끼동은 조선 광대들과 거의 말을 하지 않았다. 잠깐 춘동과 얘기를 나눴을 뿐이었다. 폰개와 땅쇠 등이 돌아갔고 춘동도 돌아갔다. 석길은 남았다. 끼동은 향교 건물 뒤쪽으로 돌아갔다. 석길이 따라왔다.

"아저씨는 안 가세요?"

끼동이 물었다.

"난 안 가. 너랑 같이 여기 있을 거야."

석길이 말했다.

"왜요?"

"돌아가면 뭐 하니, 아무리 생각해 봐도 이 사람들하고 같이 사는 게 훨씬 좋을 것 같아. 여기저기 다니며 어깨도 좀 펴고 말이야. 밥걱정 없고, 양반 놈들 등쌀에 가슴이 오그라질 일도 없고 얼마나 좋아!"

석길이 말했다.

끼동은 가만히 석길의 얼굴을 바라보았다.

"너는 어려서 잘 모르겠지만 힘센 놈이 최고야. 야, 봐라. 이 사람들이 오자마자 와르르 무너져 내리잖아. 조선은 오래 못 간다. 고려 끝나고 조선이 시작되었듯 이제 이 사람들 나라가 세워질 거야. 두고 봐. 틀림없이 그럴 거야. 나는 이제 조선에서 사는 게 싫어. 이번 일만 해도 왜구 왔다고 다 피난 가야 하고, 관군들은 도망이나 다니고, 누가 우리를 지켜 주냐? 그런데 이 사람들 밑에 있으면 그렇게 새가슴 될 필요가 없을 것 같아. 어디 가서나 다 이기잖아. 힘이 세면 다 가질 수 있어. 땅도 가지고 나라도 가질 수 있는 거야. 우리 같은 사람은 누가 더 힘이 센가 봐서 더 센 놈 밑에 바짝 엎드리면 돼."

석길이 말했다.

위문대들은 강 주변 펄에서 조개를 잡기 위해 흩어져 있었다. 조갯국이 너무 맛있었다면서 노란 갑옷이 침이 마르도록 칭찬을 했다.

달사는 영암성으로 은밀하게 들어갔다. 동문과 남문은 이미 닫혀 있었다. 달사는 성을 빙 돌아가 겨우 서문에 가서야 들어갈 수 있었다. 달사가 들어가고 이내 성문이 닫혔다. 왜구들이 진을 치면서부터 성문은 닫혔다. 광대패가 할 일에 대해서는 춘동이가 알아서 말을 전할 것이었다. 달사는 동헌으로 갔다. 이윤경과 장수들이 얘기 중이었다.

"저놈들이 놀이판이나 벌이고 있는 이때에 기습을 해서 적의 예봉(날카롭게 공격하는 기세)을 꺾어야 하지 않겠소?"

이윤경이 말했다.

"안 될 말입니다. 적의 수를 헤아려 보십시오. 지금은 어떤 부대가 가도 적을 꺾을 수가 없습니다. 궁수를 보내면 저들의 조총 부대를 이기지 못할 것이고, 기마 부대를 보내도 저들의 대군에게 먹히고 말 것입니다. 칼을 쓰는 것도, 창을 쓰는 것도 평생을 전쟁터에서 잔뼈가 굵어 온 저들을 꺾지 못할 것입니다. 우리 군사들은 실전 경험도 없습니다."

김경석이 말했다.

"방어사는 지금 그걸 말씀이라고 하시오. 그동안 군사 훈련을 시키지 않고 녹봉만 받아먹고 있었다는 말씀이시오?"

이윤경은 얼굴에 노기를 띠고 말했다.

그러다 동헌에 들어선 달사를 발견한 이윤경이 자리에서 벌떡 일어났다.

"달사! 어서 오시오. 이 사람들과는 통 말이 통하지 않소이다."

달사가 고개를 숙여 인사했다. 이어 달사는 그곳에 모인 무관들에게도 목례를 했다. 아는 이들도 있었지만 모르는 얼굴들도 있었다.

"지금 성내는 먹을 물이 부족해서 아우성입니다. 이럴 때는 공성계(손자병법에 나오는 계책의 하나. 빈 성으로 유인해 적을 미궁으로 빠트리는 작전이다. 삼국지를 보면 제갈공명이 성을 비워 놓고 사마의의 대군을 물리친다.)를 써 볼 만도 합니다."

양사준이었다.

"공성계라! 이 많은 군사와 백성들을 데리고 어디로 갈 것이며, 적이 코앞에 있는데 어떻게 빠져나간단 말이오. 호랑이 아가리에 토끼 던져 주는 꼴이지 않겠소?"

이윤경이 말했다.

"우물은 마르고 먹을 것이 부족한 백성들은 벌써 아우성입니다."

양사준이 말했다.

"고구려 양만춘은 오줌을 받아 마셔 가며 싸워서 이겼다고 들었소. 작은 고통을 견디지 못하고서 어찌 저 승냥이 같은 왜구를 섬멸할 수 있겠소?"

이윤경이 말했다.

말을 듣고 있던 달사가 입을 열었다.

"적들은 지금 여유를 부리며 놀이판에 빠져 있습니다. 우리를 성안에 둔 채 고사(나무나 풀 따위가 말라 죽음)시키려는 작전 같습니다. 적의 수는 많고 우리는 적습니다. 적을 방심하게 만들어 기습하는 수밖에 없는 것 같습니다. 밤중에 은밀히 매복해 있다가 저들이 방심한 틈을 노려야 하는데……."

달사가 말했다.

"누가 매복을 할 것이며 언제까지 저들이 방심하길 기다린

단 말이오?"

김경석이 말했다.

"방심하게 만들어야지요."

"무슨 수로 그리한단 말이오?"

"생각해야지요."

"말이야 누구나 할 수 있소. 매복을 한다는 것도 그러하오. 저들의 눈이 한둘이 아닌데 어떤 방법으로 매복을 할 것이며 만약에 들켰을 때는 몰살될 수도 있는데 어느 부대가 매복에 나서겠소?"

김경석이 어림도 없다는 표정을 지었다. 달사는 입을 다물었다. 싸울 생각이 없는 사람들을 뒤에서 밀어 싸움터로 보낸들 승산이 있을 리가 없었다.

회의가 끝났다. 달사와 이윤경만 남았다. 달사는 이윤경에게 작전 계획을 말했다. 매복을 해서 기습할 것이니 관군이 협공해 달라는 것이었다.

동헌을 나온 달사가 훈련장을 지나는데 개울물을 긷는 사람들이 보였다.

"여보시오, 그 물을 마시면 탈이 날 수도 있소."

달사가 말했다.

"그것을 왜 모르겠소. 하지만 우물이란 우물이 다 말라 버렸는데 어찌한단 말이오. 밖에는 왜구들이 득시글거려서 나갈 수도 없고, 여기서 죽지 않으려면 이 물이라도 마셔야 하지 않겠소?"

비쩍 마른 반백의 여자가 말했다.

주름이 많은 여자의 이마에서 마른 갈댓잎 부딪히는 소리가 날 것만 같았다. 가뭄이 길어서 성내 우물이 다 말라 버렸다. 그런데 개울물은 끓여 마셔도 안심할 수 없었다. 성안에는 많은 사람들이 살고 있었기에 집에서 버리는 물도 개울로 흘러 들었다.

달사는 주변의 산세를 살폈다. 물길에는 보이는 물길과 보이지 않는 물길이 있다. 보이는 물길은 시내를 이루고 강을 이루고 바다를 이룬다. 그런 물길이 땅속에도 있다. 땅속의 물이 어떻게 흘러가는지는 주변의 산세를 살피면 알 수가 있다. 달사는 찬찬히 산세와 하천의 모양을 살폈다. 그리고 한 자리를 짚었다.

"이곳을 파 보시오. 물이 나올 것이오."

반백 노인이 어리둥절한 표정을 지었다. 달사와 반백 노인이 말을 나누고 있는 사이에 마을 사람들이 모여들었다.

"저는 봉호정에 사는 양달사라 합니다. 두 자 깊이만 파면 틀림없이 물이 나올 것이니 그리하시오."

달사가 말했다.

말을 타고 서문으로 향하는데 뒤에서 부르는 소리가 났다.

"여보시오, 달사."

달사가 뒤돌아보았다. 의관을 갖추어 입은 열대여섯 명의 사람들이 골목에서 걸어 나왔다.

"무슨 일이오?"

달사가 말에서 내렸다. 향교 장의를 지내고 있는 신희범을 비롯한 유림들이었다.

"청이 있소. 의병들을 모을 테니 양달사께서 이끌어 주시오!"

신희범이 말했다.

뜻밖의 말이었다. 의병을 모은다고 여기저기 알렸지만 향교 사람들은 반응이 없었다. 그런데 막상 왜구가 눈앞에 나타나자 생각이 바뀐 것 같았다.

"성안에만 있다고 산다는 보장이 없고 무작정 달려 나가 부지깽이로 싸울 수도 없는 노릇 아니오. 그러던 차에 양달사께서 의병을 구하고 있다는 소식을 들었고 우리도 무어라도 힘을 합치자고 의견을 모았소."

신희범이 말했다.

달사가 그의 손을 두 손으로 감쌌다. 달사의 손은 크고 투박했지만 신희범의 손은 작고 고왔다.

"고맙소. 꼭 무기를 들고 싸우는 것만이 능사는 아닐 것이오. 군자금도 필요하고 양식도 부족하오. 그런 일을 도와주시면 좋겠소."

"알겠소. 우리가 도울 수 있는 것이라면 무엇이든 하겠소."

신희범이 말했다.

의병을 일으키는 것은 군대를 조직하는 것과 같았다. 훈련도 시켜야 했지만 여러 가지 군수 물자가 필요했다. 달사는 그들을 뒤로하고 집으로 향했다.

의병은 수가 더 늘어나 있었다. 달사는 조직된 의병대를 점검하였다. 훈련해 온 이들도 있었지만 갑자기 모인 이들도 많았다. 자칫 명령 체계가 흐려지면 오합지졸이 될 터였다. 달사는 대장들을 불러 모았다. 대장들에게 각 부대가 맡을 일을 분명하게 다시 전달했다.

밤이 되자 매복대가 이동했다. 매복대는 먹물 옷을 입었다. 달사는 매복대와 함께 향교 뒤편의 범바위산으로 향했다. 왜구들의 눈을 피해야 해서 되도록 산길로 돌아갔다. 매복대는 훈련을 해 온 사람들이었기 때문에 밤을 새워 걸어도 지치지 않았다.

향교가 보이는 곳에 몇 사람씩 무리를 지어 숨었다. 쉽게 눈에 띄지는 않을 것이다. 이제 그믐달이 뜰 것이다. 달이 떠 있는 동안에는 절대 움직이지 말 것을 당부했다.

긴 하루였다.

적을 웃겨라

새벽부터 위문대는 밥을 짓기 시작했다. 왜구들은 더는 약탈을 나가지 않았다. 빼앗기 전에 알아서 가져다 바치니 왜구들은 만족했다.

아침부터 공연이 시작되었다. 위문대 사람들도 솥단지 수백 개를 걸어 놓고 밥을 하고 국을 끓이고 바쁘게 움직였다. 왜구들은 느슨했다. 성안에서 기습해 오지 않으리라 믿고 있는 것 같았다.

양달초가 몇 사람과 함께 대장의 밥상을 차려서 들고 갔다. 노란 갑옷은 환하게 웃었다. 입에서 술 냄새가 났다.

"오이시이.(맛있다.)"

국물을 먼저 맛본 노란 갑옷이 말했다.

노란 갑옷 옆에 있던 석길은 숟가락으로 노란 갑옷에게 밥을 먹여 주려 했다.
"요시.(됐다.)"
석길은 얼굴이 굳어졌다. 조선에서 사는 것은 아무런 희망이 없었다. 길을 나서면 양반들이 장막을 쳤다. 양반들에겐 양반들만의 나라가 있었다. 조선은 석길의 나라가 아니었다.
'사람이 사람답게 살지 못하는 곳을 어찌 제 나라라 할 수 있단 말인가?'
석길은 조선에 절망했고 조선에 분노했다. 옷만 갈아입으면 얼마든지 사람답게 살 수 있을 것 같았다. 그래서 선택한 것이 '왜'였다.
왜는 조선의 양반들이 말하는 것과는 다른 나라였다. 조선의 양반들은 왜를 깔보았다. 그러나 왜의 기침 소리에도 바르르 떠는 게 조선이었다. 석길이 아는 왜의 침입만도 한두 번이 아니었다. 그때마다 조선은 왜의 입김에 떨었다. 왜의 콧김에 떨었고 왜의 손짓에 거꾸러졌다. 그래 놓고 왜가 물러가면 '방자한 것들'이라고 소리를 질렀다.
놀란 것은 조선이었지 왜가 아니었다. 왜는 스치듯 조선을 짓밟고 갔다. 가 버리면 끝이었다. 더는 조선을 어찌하지 않았다. 조선은 왜가 오면 바르르 떨며 맞섰다. 이가 없으면 잇몸으로, 잇몸이 없으면 턱뼈로 맞섰다. 그런데 남은 것은 없었다.
"드시지요."
석길이 말했다.
"야메로.(그만두라.)"
석길은 왜구 대장의 말을 알아들을 수 없었다. 그래도 환하게 웃었다.
왜구 편에 서니 많은 것이 편해졌다. 가장 먼저 양반들의 등쌀이 사라졌다. 왜구의 옷을 입는 순간 석길에게는 양반도 상놈도 없어졌다. 양반이나 상놈은 조선 양반들의 손바닥에 놓인 공깃돌이었다. 그 손을 벗어나면 누구의 손아귀에도 들지 않았다. 왜의 복장을 하면서부터 조선의 양반을 대접할 이유가 없었다.
대장이 숟가락을 들자 나머지 장수들도 식사를 시작했다. 달초가 준비한 아침은 흰쌀밥에 조갯국이었다. 벌써 여러 마리의 소와 돼지가 잡혔다. 왜구들에게 뺏길 것 없이 미리 달사가 사 놓은 것들이었다.
태평소 소리가 났다. 또 공연이 시작되었다.
사람의 어깨 위에 사람이 올라가 서서 거인 흉내를 낸 무리가 지나갔다. 그들은 대장인 노란 갑옷의 밥상 앞을 지나가며 꽃가루를 뿌렸다. 밥이나 국그릇에는 꽃가루가 들어가지 않을 만한 거리였다.

　죽마를 탄 광대들이 지나갔다. 여장을 하고 죽마를 탄 광대들을 보면서 왜구들은 눈이 휘둥그레졌다. 박수가 나왔다. 광대들은 대부분 할아버지 폰개의 패거리들이었다. 왜구들은 낯선 놀이를 보면서 더 즐거워했다.

　땅쇠가 땅재주를 넘으며 향교 마당을 쓸고 다녔다. 이윽고 바깥으로 나가는가 싶었던 땅쇠가 말을 타고 나타났다. 말을

탄 땅쇠의 머리가 말 옆구리에 붙어 있고 두 발이 허공을 향해 뻗어 있었다. 물구나무를 선 채로 탄 것이다. 왜구들은 땅쇠의 재주에 놀라는 눈치였다. 땅쇠는 끝까지 물구나무를 선 채 말을 탔다. 그리고 물구나무를 선 채로 말에서 내린 땅쇠가 몸을 한 번 뒤집어 바로 선 자세를 취하더니, 다시 물구나무를 선 뒤에 그대로 빠르게 밖으로 나갔다.

왜구들을 비롯해서 구경꾼들 모두가 놀랐다. 물구나무를 선 채로 그렇게 빠르게 움직이는 사람을 본 것은 처음이었을 것이다.

왜구의 병사들까지 다들 아침밥을 먹기 시작했다. 만 명이 넘는 사람들의 식사를 준비하는 건 보통 일이 아니었다.

땅쇠가 나간 후에 이번에는 끼동과 춘동이 나왔다. 춘동은 갓을 쓰고 거드름을 피웠다. 조선 양반 차림이었다. 그런데 춘동은 한쪽 다리를 심하게 절면서 다리를 질질 끌었다. 발음도 정확하지 않았다. 병신 흉내를 내는 양반 차림의 춘동을 보면서 왜구들이 껄껄 웃었다.

끼동은 왜구 복장 그대로였다. 끼동을 보자 춘동은 더 비치적거렸다. 다리를 질질 끌며 자기 몸 하나도 가누지 못하는 양반과 멀쩡한 왜구가 싸우는 연극을 했다. 송충이 눈썹이 노란 갑옷 옆에서 두 사람이 하는 말을 왜구들의 말로 바꾸어 주었다. 송충이 눈썹이 말할 때마다 노란 갑옷은 고개를 끄덕이기도, 박장대소를 하기도 했다.

"이놈, 양반을 봤으면 바닥에 바짝 엎드려야지 무엄한 놈이로구나!"

양반 차림의 춘동이 어기적어기적 걸음을 가누지 못하면서 말했다.

"네 놈이 똥도 저 혼자서는 싸지 못한다는 조선의 양반이라는 이상한 짐승이구나?"

칼을 든 왜구 복장을 한 끼동이 비웃으며 말했다.

"네 이놈."

춘동이 비틀어진 입술로 근엄한 표정을 지었다. 그게 더 우스꽝스러웠다.

"입만 살았구나? 엎드려 자빠질 놈은 네놈이다, 이놈아."

끼동이 춘동을 손끝으로 슬쩍 밀었다. 춘동이 벌레처럼 바닥에 나동그라졌다. 몸을 가누지 못하고 혼자서 어기적거렸다.

"나 죽네, 살려 주세요. 살려 주세요."

춘동이 혼자 일어서지 못해 몇 번이나 나동그라졌다. 끼동이 칼끝으로 춘동의 엉덩이를 툭툭 쳤다. 그러자 춘동이 굼벵이처럼 몸을 웅크리며 두 손으로 싹싹 빌었다.

"기어라."

끼동이 다리를 넓게 벌린 후 허리를 뒤로 젖히며 크게 웃었다. 춘동이 끼동의 발밑에 머리를 처박았다. 끼동이 부축해 주자 춘동이 겨우 일어났다.

 노란 갑옷은 포복절도하였다. 얼마나 기분이 좋은지 술병을 내오라 했다.

 왜구들은 또 어떤 놀이가 펼쳐질지 궁금해하는 표정들이었다. 이번에는 왜구 복장의 끼동이 줄에 올랐다. 양반 차림의 춘동은 줄에 올라가지도 못하고 나동그라졌다. 왜구들은 웃고 떠들고 왁자지껄하였다.

그때 멀리에서 줄을 타고
달사의 둘째, 철이 마당
한 가운데 뚝 떨어졌다.
철은 조선 관군 복장이
었다. 올 때는 새처럼 날
아온 철이 갑자기 엉덩이를
움켜쥐고 똥 마렵다는 동작을
했다. 왜구들이 또 배를 움켜쥐고

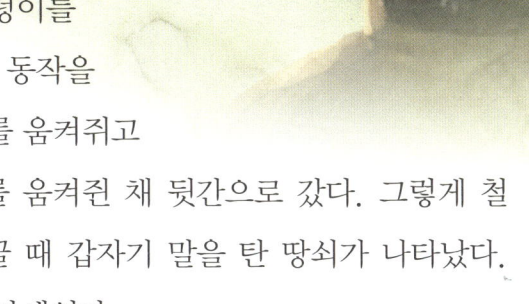

웃었다. 철은 엉덩이를 움켜쥔 채 뒷간으로 갔다. 그렇게 철이 사람들의 시선을 끌 때 갑자기 말을 탄 땅쇠가 나타났다. 이번에도 물구나무선 자세였다.

줄 위에는 다시 끼동이 서 있었다. 끼동이 부채로 누군가를 겨누었다. 그러나 사람들의 시선은 흐트러졌다. 땅쇠를 보는 사람이 많았다.

끼동의 부채활에서 화살이 쏘아졌다. 그와 동시에 끼동이 자빠지는 듯한 자세를 하다가 발목으로 줄을 퉁겨 날아올랐다. 끼동이 쏜 화살이 노란 갑옷의 가슴에 맞았다. 대부분의 왜구들은 화살이 쏘아진 줄도 모른 채 끼동의 아슬아슬한 동작에 박수를 쳤다.

끼동이 화살을 쏜 것과 동시에 갑자기 뒷산에서 "와!" 하는

함성과 함께 칼을 든 의병들이 쏟아져 나왔다. 왜구들이 칼을 찾고 창을 쥐려는 사이에 성문이 활짝 열리면서 이번에는 말을 탄 의병들이 달려 나왔다. 밥을 해 주고 있었던 위문대들도 창을 들고 왜구들을 향했다. 위문대들은 땔감 사이에 미리 무기를 감추어 두고 있었다.

  왜구들은 대부분 아침밥을 비운 상태였다. 그런데 뒷간 앞에 왜구들이 줄을 서고 있었다. 한둘이 아니었다. 하지만 먼저 뒷간 쪽으로 갔던 철이 뒷간 문을 잠근 뒤였다.

  왜구 중 몇은 똥을 참지 못하고 나무 밑 같은 데서 바지를 내렸다. 일부는 복통을 호소하며 바닥에 쓰러졌다. 독버섯으로 끓인 국을 먹었으니 온전할 리가 없었다.

  "이놈들아, 이것이 속풀이에 좋다는 조선의 독버섯국이니라!"

  달초가 소리를 질렀다.

  달사의 기마 부대는 왜구 무리의 가운데를 뚫고 지나갔다. 웃고 떠드는 데 정신이 팔렸던 왜구들은 정신을 차리지 못했다. 달사 기마대가 휩쓸고 지나가자 왜구 무리는 두 토막으로 잘렸다. 마치 칼로 자른 두부 같았다. 왜구들이 소리를 지르며 정비할 때 이번에는 위문대 쪽에서 온갖 것이 날아들었다. 화살 수천 발이 왜구들을 향해 쏘아졌다. 화살과 함께 돌멩이도 날아들었다. 위문대 근처에 있던 왜구들에게는 뜨거운 국물이 쏟아졌다.

"이번에는 조선의 복어 독이니라."

"네놈들 입으로 오이시이, 오이시이 했던 그 국물이다. 마음껏 먹고 배 터져 죽어라, 이놈들아."

순식간의 일이었다. 왜구들은 어찌할 바를 몰라 우왕좌왕했다. 석길은 재빨리 노란 갑옷의 칼을 챙겼다. 끼동이 쏜 화살이 깊게 박히지는 않았다. 석길은 노란 갑옷의 노여움을 살까 봐 노심초사했다.

"잇따이 도오 낫따노까?(도대체 어떻게 된 것이냐?)"

노란 갑옷이 말했다.

"코노야로오. 유루세나이!(용서하지 않겠다. 감히!)"

석길이 노란 갑옷의 칼을 들고 있었으나 그것은 노란 갑옷의 칼이 아니었다. 석길은 밀쳐졌다.

"세이비시로.(정비하라.)"

노란 갑옷이 외쳤다.

"스베떼노 부타이와 센또오노 쥰비오 시로.(모든 부대는 전투 준비를 하라.)"

왜구들은 일사분란했다. 대장의 말 한 마디에 일제히 부대별로 자리를 잡았다. 그런데 그 찰나, 달사의 기마대가 뒤쪽에서 또 쳐들어왔다. 왜구들은 다시 흩어졌다. 마치 엉킨 실타래 같았다.

"오도로꾸나. 아이떼와 우고오노 슈우다.(놀라지 마라. 놈들은 오합지졸이다.)"

노란 갑옷이 소리쳤다.

정비를 끝낸 왜구들은 날렵했다. 왜구 중 몇 사람은 조선군 대여섯의 목을 금방 날려 버렸다. 그들은 두려움이 없는 것처럼 보였다.

향교 주변에 왜구들이 정렬하였다. 그런데 왜구들 중에서 줄을 벗어난 자들이 있었다. 설사 때문이었다.

"에이, 게리가 큐우나노니, 이까니 타따까우또.(에이, 설사가 급한데, 어떻게 싸우라고?)"

"벤오 스루노와 메이레이데끼나이.(똥 누는 것은 명령할 수가 없지.)"

줄을 서라 해도 말을 듣지 않는 이들이 절반은 되었다.

"헤이시따찌오 무리야리니 토메루나. 카라다니 몬다이가 아루 히또와 스베떼 히다리가와니 누께떼, 몬다이노 나이 히또다찌다께 미기가와니 노꼬레.(병사들을 억지로 세우지 마라. 몸에 문제가 있는 이들은 모조리 좌측으로 빠지고, 문제가 없는 이들만 우

측에 남으라.)"

노란 갑옷이 말했다.

비로소 왜구 부대는 정렬했다. 무기를 들고 선 왜구들의 모습은 하늘이라도 찌를 것 같았다.

"텟뽀오 부타이!(조총 부대!)"

조총 부대의 대장이 달려 나왔다.

"야시로노 헤이니 후진시떼 데끼가 쿠루또 쥬우오 우떼.(향교 담에 포진해서 적이 오면 총을 쏘라!)"

대장의 말 한마디에 조총 부대는 위치를 잡았다. 조선군과 의병 등은 이미 물러나 있었다. 달초의 위문대도 저만치 멀어져 있었다.

"아마리 미쿠빗따.(너무 얕잡아 보았어!)"

노란 갑옷은 쓴침을 삼켰다.

"쵸오센노 야쯔라오 신지루나.(조선 놈들을 믿지 마라.)"

노란 갑옷이 말했다.

"데아타리시다이니 코로시떼, 데아타리시다이니 랴꾸다쯔시로. 우밧따노와 스베떼 오마에라노 모노다. 소레가 타까라 모노데모 난데모 카마와나이. 슷까리 모떼!(닥치는 대로 죽이고, 닥치는 대로 약탈하라. 빼앗은 것은 모두 너희들의 것이다. 그것이 보물이든 무엇이든 가리지 않는다. 모두 다 가져라!)"

노란 갑옷은 분노에 차서 말했다.

그때였다. 향교 밖이 갑자기 소란스러웠다. 기마 부대가 또 나타났다. 김경석의 부대였다. 양달사의 부대와 김경석의 부대가 이쪽저쪽으로 왜구 무리를 흐트러뜨렸다.

왜구 무리가 대쪽 쪼개지듯 반으로 갈라졌다. 왜구 수십 명의 목이 달아났다. 왜구들은 흩어졌다. 왜구들은 이리 날리고 저리 날리는 검불 같았다. 기마대는 정신 차릴 틈을 주지 않고 일사분란하게 움직였다. 달사가 미리 알려 준 전법이었다.

"아이쯔와 다레까?(저놈은 누군가?)"

노란 갑옷이 칼을 잡으며 소리 질렀다.

"양달사라는 사람인데 전에는 해남 현감을 했다가 진해 현감도 하셨던 분인데……."

석길이 주절주절 말을 했다.

"요께로! 밋또모나이.(비켜라! 보기 싫다.)"

노란 갑옷이 석길의 옆구리를 발로 찼다. 석길은 그대로 나동그라졌다.

뻘밭에서의 전투

"끝까지 추격하라!"

김경석이 소리를 질렀다.

왜구 이십여 명이 산 쪽으로 달아났다. 김경석의 부대가 그들을 쫓았다. 그런데 김경석의 부대가 빠지자 왜구들이 양달사 부대를 에워쌌다. 자칫하면 몰살당할 수 있는 위기였다. 달사는 강 쪽으로 말을 몰았다. 달사의 기마대가 리을 자를 그리며 줄을 지어 달렸다. 대신리 방향이었다.

마른 갈대 사이로 새 갈대가 자란 갈대숲은 밑이 빡빡했다. 달사는 검은 끈을 따라 말을 달렸다. 달리면서 끈을 끊었다. 달초 등의 위문대가 길을 표시해 놓은 줄이었다. 달사의 기마대는 그 줄을 따라갔다. 왜구들의 기마대가 바짝 쫓아왔다. 왜구들의 기마대 뒤에는 왜구 보병 부대가 따랐다.

달사의 기마대는 장어처럼 갈대숲을 미끄러져 나갔다. 그런데 왜구 기마대는 그러지 못했다. 외줄로 온 달사의 기마대는 바닥에 깔린 장애물을 피했지만 넓게 달려온 왜구 기마대의 말들은 바닥에 박힌 마름쇠에 걸렸다. 발이 찔린 말들이 껑충껑충 뛰었다. 그러나 뒤이어 달려온 보병대 때문에 돌아설 수 없었다. 보병대도 마찬가지였다. 떼를 지어 달려왔기 때문에 갑자기 멈춰 선 앞줄을 뒷줄이 덮쳤다. 왜구 기마대는 다시 정비를 마친 후 달사 기마대를 따라왔다.

달사의 유인 작전은 성공이었다. 바닥에 깔린 마름쇠와 박아 놓은 쇠꼬챙이가 숨어 있는 복병 역할을 했다.

그러나 안심할 수 없었다. 달사 기마대에 비해 왜구의 숫자가 너무 많았다. 이제 갈대밭을 거의 빠져나왔다. 갈대밭을 지나면 수렁이었다. 수렁 가운데는 널빤지를 깔아 놓았다. 조개를 잡는 척하던 위문대가 준비해 둔 것이었다. 달사의 말이 널빤지를 딛고 수렁을 건넜다.

그때였다. 달사의 말이 갑자기 앞발을 들었다. 화살이 말의 엉덩이에 꽂힌 것이다. 그리고 창끝이 말의 옆구리를 찔렀다. 달사는 말에서 뛰어내렸다. 바닥은 진창이었다.

"오마에와 오레가 아이떼니 스루.(네놈은 내가 상대하마.)"

뻘밭에서의 전투

노란 갑옷이었다.

진흙 구덩이 속에서 달사가 일어섰다. 그때였다. 이번에는 노란 갑옷이 탄 말이 화살에 맞아 앞발을 번쩍 들더니 나동그라졌다. 누가 쏜 화살인지 확인할 겨를이 없었다. 노란 갑옷이 갈대밭에 떨어졌다. 달사는 수렁에 빠져 허우적이는 말을 끄집어내려 했다. 한 손으로 갈기를 잡고 다른 손으로 고삐를 당겼다. 하지만 말은 쉽사리 일어나지 못했다.

달사는 칼을 들고 노란 갑옷을 향했다. 창을 놓쳤던 노란 갑옷이 칼집에서 칼을 꺼냈다. 진흙탕 전투였다.

왜구의 기마대와 보병대는 갈대숲에 박힌 마름쇠와 꼬챙이들 때문에 앞으로 나아갈 수 없었다. 마름쇠에 발이 찔린 말들은 사납게 날뛰었고 날뛰는 말들 때문에 보병대는 방향을 잃었다. 왜구들은 소금 통 속의 미꾸라지들처럼 저마다의 머리가 다른 곳을 향했다. 이리 미끄러지고 저리 미끄러졌다. 퇴각도 쉽지 않았고 퇴각 명령을 내릴 자도 없었다.

노란 갑옷은 달사와 맞섰다. 달사의 칼끝이 노란 갑옷의 옆구리를 노렸다. 노란 갑옷의 칼이 달사의 칼을 받아쳤다. 한 칼이 목을 노리면 다른 칼이 받고 한 칼이 다리를 노리면 다른

칼이 호응했다. 칼과 칼이 엉켰다. 그것은 죽음을 부르는 노래였다. 칼날 부딪히는 소리는 삶과 죽음의 경계에 놓인 금이었다. 우거진 갈대까지 엉켰다. 말 울음소리가 났다. 노란 갑옷이 말 울음소리를 쫓아 달려갔다. 달사가 뒤따랐다.

우거진 갈대가 앞을 가려 조심스러웠다. 노란 갑옷을 놓친 달사가 두 손으로 칼을 쥐고 주변을 경계했다. 갑자기 달사의 눈앞에 말을 탄 노란 갑옷이 서 있었다. 말을 탄 상대와 칼 한 자루로 싸운다는 것은 어려웠다.

그때였다. 달사의 뒤쪽에서 몇 사람의 기마대가 다가왔다. 김경석 부대였다.

"야 이놈아, 조선 정예병의 칼 맛을 보여 주마."

김경석이 소리쳤다.

달사는 잠시 몸을 피했다. 갈대숲은 쓰러진 사람들로 어지러웠다. 왜구들도 많았지만 아군의 피해도 만만치 않았다.

달사와 함께 기마대에 참여했던 방물장수 방 씨도 칼을 맞은 채 쓰러져 있었다. 어깨를 깊게 베였다. 덩어리진 피가 굳어 가고 있었다. 달사가 칼로 저고리를 찢어 방 씨의 상처를 감쌌다.

"위문대 쪽으로 가시게. 약이 있을 것이네."

달사가 방 씨의 몸을 일으켜 세웠다. 얼마 떨어지지 않은 곳에 방 씨의 백일마가 있었다. 달사가 백일마의 고삐를 잡고 탔다. 백일마는 진창길을 가리지 않았다.

왜구의 기마대가 김경석의 기마대를 쫓고 있었다. 김경석 부대는 산 쪽으로 향했다. 갈대숲에 숨어 있던 의병들이 활을 쏘았다. 왜구 기마대가 주춤거렸다. 노란 갑옷의 말도 섰다.

"다시 만났구나!"

달사가 말했다.

노란 갑옷은 기마대와 함께 있었다.

"오이카께로오!(추격하라!)"

노란 갑옷이 명령했다.

왜구 기마대가 김경석의 부대를 쫓았다. 노란 갑옷은 무리에서 벗어나 천천히 달사 쪽으로 왔다. 노란 갑옷은 얼굴에 웃음을 띠고 있었다. 싸움에서 져 본 적이 없다는 듯한 표정이었다.

'놈은 전쟁으로 잔뼈가 굵은 놈이다!'

달사는 속으로 생각했다. 함부로 대할 수 없는 적이었다. 두 사람은 서로를 노려보았다. 쇠로 된 칼날도 날카롭지만 눈빛도 칼날이었다. 눈빛이 부딪혀 쨍강거리는 것 같았다.

눈빛 속에서 두 사람의 몸이 만신창이가 되고 있었다. 달사의 머릿속에서는 피 튀기는 칼싸움이 그려졌다. 두 사람은 점점 가까워졌다.

"끼랏!"

달사가 말을 몰았다.

"스스메!(끼랏!)"

노란 갑옷도 말을 몰았다.

두 사람의 칼날에 허공이 잘렸다. 달사가 말을 돌렸다. 노란 갑옷도 말을 돌렸다. 다시 칼이 부딪쳤다. 달사가 노란 갑옷의 머리를 노리다가 옆구리를 찔렀다. 노란 갑옷은 노련했다. 어느새 달사의 칼을 노란 갑옷의 칼이 받았다. 두 사람은 몇 번이나 부딪쳤으나 승부가 나지 않았다.

그런데 갑자기 달사가 몸을 돌려 달아났다. 노란 갑옷이 달사를 따라왔다. 수렁에 이르자 달사가 탄 백일마가 주춤했다. 달사가 말의 엉덩이를 살짝 치자 백일마는 이내 나아갔다. 진창을 지났다.

'그래도 이 말이 진흙 펄에서도 유일하게 빠지지 않았던 놈이죠.'

방 씨의 말이 떠올랐다. 진흙 구덩이 속에서도 백일마는 빠지지 않았다. 달사가 말과 함께 몸을 돌렸다. 노란 갑옷이 탔던 말이 진흙 속에서 허우적거리고 있었다. 노란 갑옷도 말에 묶여 어찌할 바를 모르고 있었다.

달사가 칼을 휘둘렀다. 노란 갑옷의 목이 잘렸다. 순간이었다. 달사의 어깨도 깊게 베였다.

"적장이 죽었다."

달사가 소리를 질렀다.

여기저기서 징 소리가 났다. 대장이 죽었다는 말을 들어서인지 왜구들은 허둥댔다. 달아나던 김경석의 기마대도 말머리를 돌렸다. 순식간에 전세는 뒤집어졌다.

그때였다. 덕진교 쪽에 한 무리의 병사들이 나타났다. 남치근의 부대였다. 그런데 남치근의 부대는 다리 위에서 주춤거렸다. 총소리에 놀란 남치근의 말이 펄쩍펄쩍 뛰는 통에 남치근이 들고 있던 창을 놓친 것이었다. 창은 그대로 강바닥으로 떨어졌다. 창을 놓친 남치근은 당황했다. 그런데 잠시 후에 누군가가 강바닥에서 창을 찾아 들고 나타났다. 끼동이었다.

얼굴이 새빨개졌던 남치근이 펄 묻은 창을 들었다. 더 이상 총소리도 들리지 않았다. 남치근은 자신의 눈을 의심했다. 예상했던 것과는 전혀 다른 상황이 벌어지고 있었다. 왜구들이 밀리고 있었다.

남치근은 말을 달려 왜구 무리의 옆구리를 찔렀다. 왜구 무리는 갈대밭에서 빠져나오지 못했다. 강 쪽에서는 달사 기마대가 치고, 김경석의 기마대도 갈대숲 밖으로 나온 왜구들을 물리쳤다.

한편 달사는 노란 갑옷의 목을 들고 성으로 향했다.

동문이 열렸다. 성안에 남아 있던 병사들이 쏟아져 나왔다. 성안에서 나온 양사준 부대는 성 쪽으로 도망쳐 오는 왜구를 향해 화살을 날렸다. 달사는 성안으로 들어갔다. 이윤경이 반갑게 맞았다. 동문 성루에 노란 갑옷의 목이 걸렸다.

"적장이 죽었다."

성안의 백성들이 소리를 질렀다. 날라리며, 퉁소며, 온갖 악기 소리가 울려 퍼졌다.

달사가 전투를 벌이고 있는 사이에 끼동을 비롯한 광대들은 은밀하게 왜구의 배에 들어갔다. 백날치도 함께였다. 배의 구조를 잘 아는 백날치가 있어서 끼동이 생각한 작전을 쓸 수 있었다. 왜구들에겐 식량을 싣는다고 거짓말을 해 둔 뒤였다. 광대들이 대장선에 몇 개의 가마니를 숨겨 두었다. 가마니에는 화약이 든 대통이 들어 있었다. 달사가 성루에 서서 붉은 깃발을 들었다. 이어서 징 소리가 울렸다.

"징징징징!"

그것은 신호였다. 달사의 붉은 깃발을 본 관군과 의병들이 갑자기 후퇴하기 시작했다. 밀리던 왜구들은 조선군과 의병들이 도망치듯 물러나자 추격하기 시작했다. 조선군과 의병들은 금세 갈대숲을 빠져나왔다. 성에서 꽹과리 소리와 징 소리가 거칠게 들려왔다. 강둑에 숨어 있던 궁수들과 위문대가 불화살을 쏘아 댔다. 바다 쪽에서 산 쪽으로 불던 바람이 오후가 되자 방향을 바꾸었다. 바람은 산골짜기에서 폭포처럼 쏟아져 나와 바다로 빠져나갔다. 갈대숲이 불타기 시작했다.

이윤경과 달사는 열무정으로 나갔다. 꽹과리 소리와 징 소리가 거세었다. 시끄러운 쇳소리가 왜구들의 비명을 삼켰다. 커다란 소리의 혀가 작은 소리의 혀를 녹여 버렸다. 왜구들은 뜨거운 가마솥에 던져진 새우들처럼 날뛰었다.

불덩이에서 빠져나온 왜구들이 배가 묶여 있던 쪽으로 갔다. 왜구들은 갈대숲을 지날 때 낯빛이 굳었다. 바닥에 또 어떤 장애물이 있을지 몰라서 바닥을 두드리면서 걸음을 옮겼다. 왜구들의 퇴각로는 막지 않았다.

왜구들의 대장선에는 끼동이 있었다. 끼동은 대장선의 돛대와 돛대 사이를 이어 놓은 줄 위에서 줄타기했다. 끼동을 발견한 왜구들이 씩씩거리며 대장선을 향해 달렸다.

그러나 왜구들이 대장선에 닿기 한참 전 줄에서 내려온 끼동이 강으로 뛰어들었다. 끼동은 강바닥에 놓은 줄을 타고 강 건너로 걸어갔다.

그런데 끼동이 사라진 대장선에 조선 사람 하나가 남아 있었다. 왜구들은 그를 잡기 위해 대장선을 향해 달렸다. 대장선에 타고 있던 조선인은 백날치였다.

 백날치는 준비하고 있던 횃불로 대장선 바닥에 놓인 화승(심지)에 불을 붙였다. 바닥에 깔린 화승에 붙은 불은 왜구들에게 보이지 않았다. 왜구들이 대장선으로 올라섰다. 불이 붙은 화승은 갑판 밑으로 타들어 갔다. 왜구들은 재빨리 백날치를 잡으려 했다. 백날치는 횃불을 든 채 강으로 뛰어들었다. 왜구들은 머뭇거렸다. 두엇은 백날치를 잡으러 강으로 뛰어들고 나머지는 갑판 위에 서 있었다.

"도망치는 놈들은 쫓지 않는 법이네."
남치근이 말했다.
"저놈들이 살아서 돌아가면 또 우리 땅을 넘볼 것입니다."
달사가 말했다.
"궁지에 몰리면 쥐도 고양이를 무는 게야. 아직도 저들의 수가 우리 군사보다 많네."
김경석이 말했다. 달사는 속이 부글거렸다. 그러나 적장에게 맞은 어깨의 상처가 욱신거렸다.
비 맞은 닭들처럼 꾀죄죄한 모습으로 왜구들은 배가 묶여 있던 덕진포에 모여들었다.

그때였다. 갑자기 굉장한 폭발음과 함께 왜구의 대장선이 불타올랐다. 끼동과 백날치 등이 설치한 가마니 속 대통 포탄이 터진 것이다.

"축포 소리가 요란하군."

이윤경이 말했다.

마지막 줄타기

양응정이 병문안을 왔다. 달사는 자리에 누워 있다가 응정이 왔다는 말을 듣고 자리를 고쳐 앉았다.

"그날 이후 몸져누웠다고 해서 와 봤습니다."

달사는 왜구에게 맞은 화살과 칼에 베인 상처로 온몸에 열이 나서 누워 있는 중이었다. 치료하고 있지만 기운이 회복되지는 않았다.

"이번에 올릴 장계 내용이랍니다."

응정이 장계의 내용이 적힌 종이를 펼쳐 보였다. 호조판서 이준경을 비롯하여 전주부윤 이윤경의 공이 길게 적혀 있었다. 그 옆으로 우도방어사 김경석, 좌도방어사 남치근을 비롯한 여러 사람의 공이 화려했다.

"목숨 걸고 싸운 사람은 따로 있는데 공적을 도둑질해 가다니요? 저라도 나서서 바로 잡아야겠습니다."

응정이 노기를 띠고 말했다. 달사는 눈을 감았다. 세상 돌아가는 모양이 우스웠다. 그러나 달사는 이내 냉정을 되찾았다. 칼에 찔린 부위가 더욱 욱신거리는 것 같았다.

"내가 공을 바라는 것도 아니고 그만두세. 무서운 일이네. 이번에 이렇게 큰 변을 당하고도 저렇게 변함이 없으니 다시 왜구들이 넘볼까 두렵네."

달사가 말했다.

"그러게 말입니다. 근본적인 대책을 세워야 할 때인데, 남의 공이나 앞다퉈 가로채려 하고 있으니 왜구들이 한 번 물러났다고 세력이 아주 꺾인 것도 아닌데 참으로 암담합니다."

응정이 말했다.

둘은 한동안 침묵을 지켰다.

응정은 영암성 대첩 후에 일어난 일들을 소상히 말했다. 왜구 앞에서는 뒤로 물러서 숨었던 자들이 왜구가 물러가자 서로 공적을 가로채려 아귀다툼을 벌였다. 영암에서만 그런 것이 아니었다. 전국에서 거짓 장계가 질 좋은 말을 타고 한양으로 쏟아져 들어갔다. 시끄러웠다.

"그건 그렇고, 지난 정미년 이휘(정미사화에 사사된 이휘를 말함. 이윤경의 아들 이중열이 이휘를 변호하다가 파직되고, 이중열은 1547년 사사되었다. 이 사건으로 이윤경은 파직되었으나, 1553년 용서를 받고 복권하였다.)의 변을 기억하시는가?"

달사가 입을 열자 응정이 주변을 살폈다. 달사가 말한 이휘의 변으로 많은 사람이 난데없이 죽었고 그것은 영암성 전투를 총지휘했던 이윤경과도 관련이 있었다. 이윤경은 정미년의 그 사화로 아들을 잃었고 본인도 파직당했다. 응정은 그런 사실을 알고 있었다.

"이번에 광대패에서 공을 세운 끼동이란 놈 말일세."

달사가 말했다.

"끼동이? 그놈은 또 누군가요?"

응정이 물었다.

"왜구 복장으로 나타나서 광대놀이를 하며 왜놈들의 넋을 빼 놓았던 놈 말일세. 남치근 장군의 창을 찾아 주기도 했고."

달사가 말했다.

"아, 그 아이! 알다마다요. 활약이 대단했다지요?"

"그래, 그 아이가 실은 이휘의 변 때 사사된 박시우의 아들이라네."

응정은 머리에 무언가 둔중한 것이 와서 부딪히는 것 같았다. 이윤경의 아들 이중열은 사화에 휩쓸려 죽었고 박시우는

마지막 줄타기 187

그런 이중열과 함께 엮였다.

"그놈 아비 때의 일을 풀어 보았으면 하네. 지금이야 도사(응정)의 상황도 좋지 않으니 직접 나설 수는 없다고 하더라도, 왜적을 물리친 공이 있다면 복권도 시켜 준다던데?"

달사가 말했다.

"이번에 이윤경은 승진할 것 같은데 이윤경에게 손을 써야겠군요. 본인 아들의 일도 있으니 외면은 못 하겠지요."

응정이 말했다.

전쟁 중에 공을 세우면 명백한 역모죄가 아니고는 풀려나는 경우가 많았다. 끼동의 아버지 박시우는 역모에 가담했다는 증거가 하나도 없었다. 다만 그의 벗들이 누명을 써서 박시우도 그 그물에 걸린 것이었다. 풀지 못할 문제는 아니었다. 영암성 대첩에서 끼동이 세운 공이 알려지기만 해도 끼동은 올가미에서 풀려날 가능성이 있었다.

"알겠소. 내 긴히 청하리다. 관찰사께도 부탁하고 의정부에도 알리리다."

응정이 말했다.

"모든 게 조심스러우니 직접 나서지는 마시게. 여기 유림들도 움직일 것이니 방법이 나오지 않겠는가?"

달사가 말했다.

자신의 공을 도둑맞았지만 그것을 따질 상황은 아니었다. 다만 끼동의 문제는 해결해야 했다. 이번 영암성 대첩의 공을 논할 때, 박시우 아들 끼동의 활약상이 들어가야 했다.

관찰사도 끼동에 관한 일을 모른 척할 수는 없을 것이다. 분명한 것은 의병들의 활약으로 영암성을 지켰고 왜구를 물리쳤다는 것이다. 관찰사도 뒤가 켕길 터였다.

"형님께서 관군에게 공을 다 넘겼는데, 끼동의 일마저 모른 체한다면 사람이 할 도리는 아니겠지요?"

응정이 말했다.

"밖에 끼동이 있느냐?"

달사가 큰 소리로 끼동을 불렀다.

큰 소리를 내자 왼쪽 가슴 아래가 아팠다.

"콜록콜록."

달사가 아픈 기침을 했다. 이내 끼동이 들어왔다.

"절 올려라."

끼동이 응정에게 절을 했다.

"네가 박시우의 아들이구나!"

응정이 눈을 한 번 감았다가 떴다. 응정은 끼동의 얼굴에서 지난 몇 년의 역사를 떠올렸다. 양반이 노비가 되고 노비가 다시 양반이 되는 경우가 여러 번 있었다. 바람이 거세어 윗물

아랫물이 수시로 바뀌었다. 바람의 칼끝이 누구에게 향할지는 아무도 알 수 없었다. 한 점 회오리바람이었다가 대풍으로 바뀌는 게 그 바람이었다.

사약을 내렸던 자들의 칼끝이 돌아서서 사약을 내리는 자의 목을 노릴 수도 있었다. 바람의 씨가 일을 꾸미면 거짓이 진실로 둔갑했다. 응정은 쓰게 웃었다.

끼동은 응정의 입에서 나온 '네가 박시우의 아들이구나!'라는 말을 듣고 어리둥절했다.

'박시우?'

처음 들어 보는 이름이었다.

"그렇다네, 저 아이가 박시우의 아들이라네."

달사가 말했다.

달사는 이제 걸음을 걸을 정도는 되었다. 집안일 대부분은 연에게 맡겼다. 어차피 자신은 시묘살이가 끝날 때까지 초막에서 지내야 했다. 연과 철, 집사 등이 나서서 말렸으나 달사는 이따금 어머니의 묘소로 향했다. 몸이 예전 같지는 않았다.

전투가 끝난 며칠 후 광대들이 왔다. 달사가 부른 것이었다. 광대패 중 몇 사람은 재인청으로 들어가기로 했다. 달사가 힘을 쓴 것이었다. 오랜만에 끼동과 만난 광대들은 즐거운 시간을 보냈다.

"그때 말 위에서 물구나무선 거, 어떻게 그렇게 빨리 실력이 느는 거야?"

끼동이 땅쇠에게 물었다.

땅쇠는 대답 없이 빙긋이 웃기만 했다. 그러더니 밥을 먹고 난 후에 땅쇠가 직접 공연했다. 말을 가지고 대문 밖으로 나갔던 땅쇠가 물구나무를 서서 말을 타고 들어왔다. 마당에 모인 구경꾼들은 모두 깜짝 놀랐다. 다시 봐도 멋진 재주였다.

땅쇠는 물구나무를 선 채로 말을 몰았다. 그러더니 말에서 뛰어내릴 때는 바른 자세가 되었다가 곧바로 물구나무를 서서 담벼락에 붙어 섰다. 물구나무를 선 채로 그렇게 빨리 움직일 수 있다는 건 놀라웠다.

그런데 물구나무를 선 땅쇠의 바짓가랑이가 뜯어지면서 땅쇠의 얼굴이 불쑥 튀어나왔다. 사람들이 하나둘씩 껄껄 웃기 시작했다. 한동안 영문을 몰라 웃지 않는 이들도 있었다.

땅쇠는 물구나무선 채로 뛰어다니는 것이 아니었다. 땅쇠는 윗도리와 아랫도리를 바꾸어 입은 것이었다. 바지 대신 저고리를 입고, 가랑이 사이에 사람 머리 모양의 검은 한지 뭉치를 붙였다. 사람들은 물구나무를 선다고 생각했지만 땅쇠는 머리를 숨긴 채 양손을 두 발처럼 치켜들고 말을 탄 것이었다.
"봄똥이가 가르쳐 준 거야."
땅쇠가 말했다.

달사가 또 어머니 묘소에 다녀오는 길이었다. 말 울음소리가 났다. 달사가 마구간으로 가니 끼동이 말의 상처를 살피고 있었다.
"허벅지 상처는 거의 나은 것 같습니다. 발목은 아직 좋지 않습니다."
"그래, 너의 정성에 보답한 것 같구나."
달사가 말했다.
말의 발목이 나으면 저 말을 타고 먼 곳까지 달리고 싶었다. 그렇게 많은 화살을 맞고도 쓰러지지 않았던 말이었다. 창에 찔려 쓰러져서도 주인을 버리지 않았던 말이었다.
"나으리! 성에서 사람이 왔습니다요."
춘동이 대문간에서 큰 소리로 말했다.
춘동과 집사가 벙거지 하나를 데리고 들어왔다. 벙거지가 달사를 보자 땅바닥에 무릎을 꿇었다. 그리고 편지 하나를 내밀었다.
"교지가 내려왔습니다요."

달사는 벙거지가 내민 교지를 받았다. 눈으로 교지를 읽은 달사가 연과 철 형제와 끼동과 폰개 등을 불렀다.

"끼동이는 이제 끼동이가 아니라, 박규동이다. 잘되었다."

달사가 말했다. 자세한 설명은 하지 않았다.

"양달사 어르신, 그게 참말이신지요?"

폰개의 눈에서 눈물이 줄줄 흘러내렸다. 끼동이 그 교지를 읽으려 했다. 모르는 한자가 많았다. 그중에서 '박규동'이라는 글씨는 분명하게 보였다.

"스승님이 읽어 주겠노라."

철이 편지를 가로챘다.

"음, 음. 교지. 박규동의 부, 박시우의 죄는 더 묻지 않고 그의 아들 박규동의 신분을 회복하게 하라고 임금께서 말씀하셨다. 이렇게 적혀 있다."

철은 또 나이 든 사람 흉내를 내었다. 한 손으로 없는 수염을 매만졌다.

"이제 끼동이라고 부르면 안 되겠네. 야 끼동……."

철은 입을 다물었다. 아버지의 표정이 너무 엄했다. 함부로 끼동을 대하면 안 될 것 같았다.

"어르신, 이 은혜는 제 몸을 갈아서라도 갚겠습니다요."

폰개가 달사 앞에 무릎을 꿇었다. 그리고 끼동을 향해 말했다.

"도련님! 이제야 늙은이 원이 풀렸습니다. 절 받으십시오."
 폰개가 끼동에게 절을 하려 했다. 끼동은 깜짝 놀라 폰개의 어깨를 잡았다.
 "할아버지, 왜 이러세요. 할아버지는 언제까지고 제 할아버지십니다."
 끼동이 무릎을 꿇고 마주 엎드렸다. 달사가 두 사람을 껴안았다. 해가 지고 있었다.

 "야, 끼똥! 우리 줄타기 한번 하자!"
 춘동이 말했다.

"알았어, 봄똥이 형."

끼동이 대답했다.

춘동과 끼동과 철은 은행나무와 감나무 사이에 줄을 맸다. 철이 먼저 줄에 올랐다. 철은 앞으로 가기와 뒤로 가기밖에 못 했지만 그래도 떨어지지는 않았다. 이번에는 춘동이 줄에 올랐다. 춘동은 병신 시늉을 냈다. 사람들이 박수를 쳤다. 마지막은 끼동이었다. 끼동은 춘동이 준 부채를 가지고 올랐다. 헛상투를 튼 끼동의 머리에는 호박 동곳이 꽂혀 있었다. 아슬아슬한 끼동의 줄타기는 여러 동작으로 이어졌다. 끼동이 공중으로 날아오를 때면 달이라도 따 올 것 같았다.

노을이 지고 있었다. 노을 속에 한 마리 학처럼 끼동의 몸은 날아다녔다. 어느새 마을 사람들이 몰려와 구경하고 있었다.

'자유롭게 훨훨 날아가거라.'

폰개가 혼잣말했다.

그때였다. 줄 위에 서 있던 끼동이 부채활의 시위를 당겼다. 그리고 활을 쏘았다. 화살은 먹물이 잔뜩 묻은 붓이었다.

"어휴, 이런 반칙이 어딨어!"

바닥에 있다가 갑자기 먹물 화살을 맞은 철은 씩씩거렸다. 급하게 감나무에 올라 줄을 타려다 그만 미끄러졌다. 폰개가 철의 몸을 들어서 끼동이 타고 있는 줄 위에 올려놓았다.

끼동과 철이 줄 위에 섰다. 노을이 더 붉어졌다.